山口のり子［アウェア］●著

Dating DV
Lesson 07

増補版

愛する、愛される

デートDVをなくす・若者のためのレッスン7

梨の木舎

美奈は18歳で専門学校生。
翔太も同じ18歳で専門学校生。
美奈が翔太と付き合おうと決めたのは、
高校の同級生だった彼が、
「前からずっと好きだった」と言ったからでした。
美奈は、
「翔太はいい友だちだし、
もっと親密な関係がつくれるのではないか」、
「私を理解してくれるのは
彼しかいないのではないか」
と思いました。

3カ月経ったころ
美奈と翔太はメイクラブしました。
セックスしてより親しくなったら、
翔太は感情の起伏を
美奈に激しくぶつけるようになりました。

DV Short Story

愛されていると思ってた

海里真弓
原作●レジリエンス

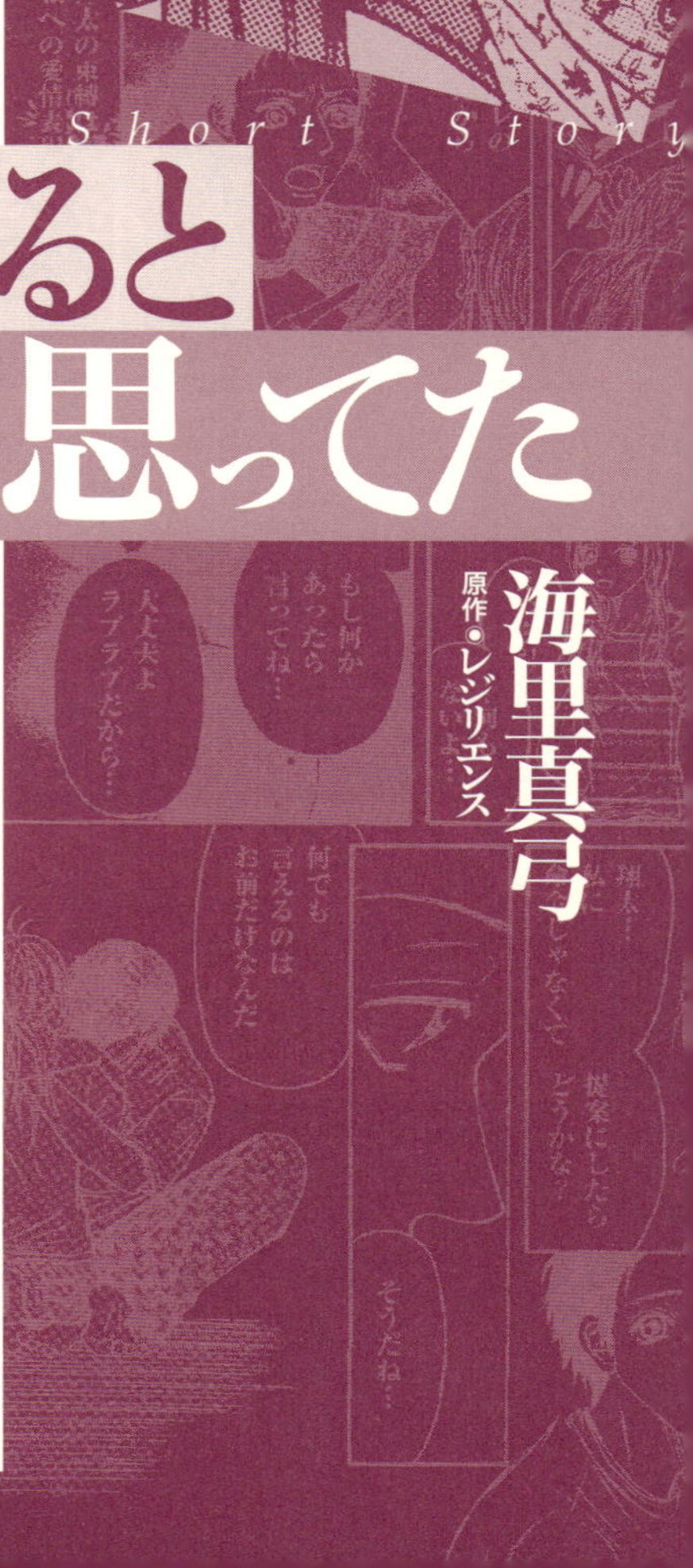

美奈はそれを
「まだお互いをよく知らないからだ」
と思いました。

それに3人きょうだいの末っ子の美奈は
「末っ子でわがままだ」
と言われたくないと意識して、
翔太から言われたことは
何でもやってみようと考えました。

そしてお互い歩み寄ることができたら、
翔太ともっとよい関係でずっと
いっしょにいられるのではないかと
思い込みました。

だからデート中に、
翔太が突然機嫌が悪くなっても、
美奈は「私にも悪いところが
あったのではないか」と考えました。
また彼がいろいろなことを求めてくるのを、
彼の愛情表現だと思っていました。

明日は
学校終って
リカの買物
つきあったら
家に帰るから
寄り道なんか
するなよ
うん…
翔太に毎日の
行動予定を
報告することが
私の日課
美奈
いつも
言ってるけど
ミニスカートは
はいていくなよ
で
夜は
外出するな
接客業の
バイトも
ダメだからな
わかってるよぉ
私が変われば
もっと愛じあえる
翔太は私のことを
とても
愛してくれている
美奈の奴
おせえなあ
携帯も
つながらねえし

翔太ごめん
待った?
地下の本屋に
よったら
探してた本が
あって…
この前も
携帯
つながらない時
あったよな…
誰と一緒に
いたんだ?
男か?!
ちょっと
まってよ
この本
買ったのよ
いいわけ
するな!!
ガッ
いたい…
やめて…
それから
翔太は

些細なことで怒るようになった
バカか!!
お前はオレの女なんだから
オレの言う通りに何でもするんだ
翔太の束縛は私への愛情表現
私がもっとしっかりすれば…
美奈最近元気ないね
彼と何かあった?
えっ…?!
…何もないよ…
そう…
もし何かあったら言ってね…
大丈夫よラブラブだから…
そのうち翔太の言葉は全て命令口調になった
翔太…私に命令じゃなくて提案にしたらどうかな?
何でも言えるのはお前だけなんだ
そうだね…
ごめん…

さっきの男
誰？
学校の
友だちよ
あっ・・
今度の土曜日
リカたちと
遊びに行くから・・
オレより
他のヤツが
そんなに
いいか?!
翔太
ごめんてば
リカたちとの
約束も断るし
他の男とも
話さないから・・
・・・・・・
お前のため
なんだぞ
オレたちのためなのが
わからないのか？
私は
次第に
男友だちはもちろん
女友だちと
会うことも
できなくなっていった

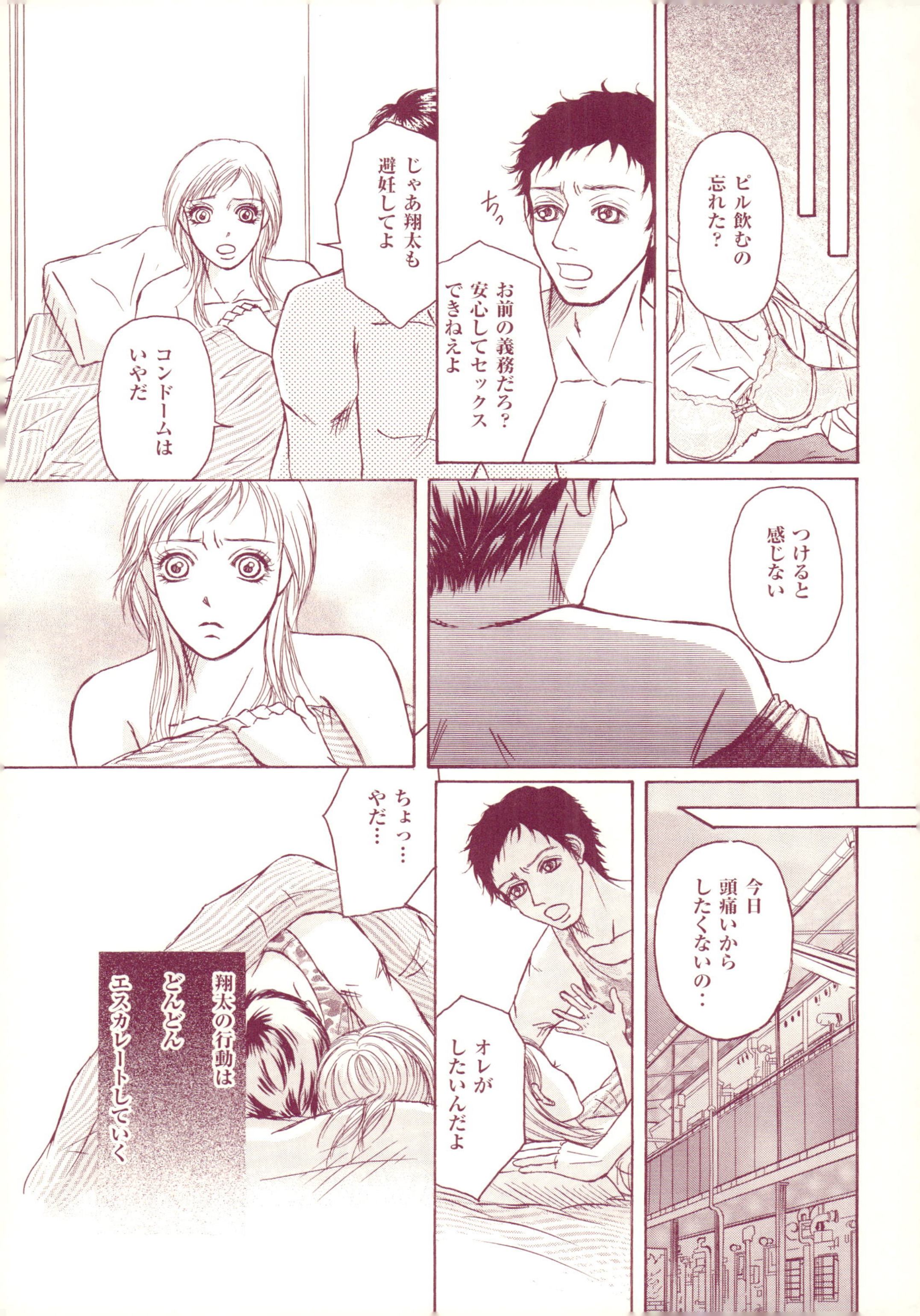
ピル飲むの忘れた？
ちっ
お前の義務だろ？安心してセックスできねえよ
じゃあ翔太も避妊してよ
コンドームはいやだ
つけると感じない
今日頭痛いからしたくないの…
オレがしたいんだよ
ちょっ…やだ…
翔太の行動はどんどんエスカレートしていく

勝手に
見ないでよ!!
着信履歴
17：40
○くん
00-XXX-0000
この男と
浮気
してるのか?
その人は
学校の
課題のことで…
うるせえっ!!
翔太
やめて!!
嘘なんて
ついてないのに
何で
なぐられなきゃ
いけないの?!
翔太は私を
部屋に一日
監禁し
暴力を
ふるい続けた
コンビニに
行ってくるけど
おとなしくしとけよ
お前の携帯や
財布はオレが
あずかっとくからな
私がどんなに
変わろうとしても
もうダメだ…

ここから
早く
逃げなきゃ…
このままじゃ
殺される!!
誰か!!
美奈
どうしたの?!
びしょぬれで
おまけに
裸足じゃない?!
その顔…
どうしたの?!
リカ…
思いも
しなかった
好きな人と
一緒にいて
お願い…
助けて…
なぜこんなことに……
私どうしたらいいか
わからない…

愛する、愛される

はじめに

あなたには関係ないですか？

あなたはDV（ドメスティック・バイオレンス）という言葉を知っていますか。

美奈と翔太のこと、あなたには関係ないですか。

DVというのは親密な関係にあるパートナーに対してふるわれるからだや心への暴力のことです。これはけっしておとなだけの問題ではありません。

若者の間でもおきています。セックスをするまではおきない暴力が、親密な関係になったとたん、身体的・精神的、性的などさまざまな形でおきることがあります。

そのような暴力を「デートDV」と呼びます。

DVもデートDVも、人権侵害にあたる行為であり犯罪です。好きになったたいせつな人を深く傷つけ、ふたりの関係を破壊する行為です。

対等で尊重しあう関係を

私はアウェアというNGO（民間機関、東京）をおこし、DV加害者男性たちのためのプログラムを実施しています。

男性たちは、妻に暴力をふるってしまったことがきっかけでプログラムに参加しますが、若いころデート相手にも暴力をふるったということに次第に気づきます。

暴力のパターンを身につけてしまったおとなが自分を変えるのは、実は大変困難なことです。時間と忍耐と努力が必要です。

「若いころ対等で尊重し合う男女交際のありかたについて教わりたかった」

とある男性は言いました。

私は一〇代のときに、ロマン・ロランの『魅せられたる魂』という本に出会い、
主人公の女性の生き方にたいへん魅きつけられました。

そこで女性の自立した生き方、愛し方、愛され方を学んだように思います。

お互いを認め合い、尊重し合って「愛し、愛される」ためには何が必要なのでしょうか。

それを一〇代のあなたがたと共に考えたいと思い、この本をつくりました。

もしあなたが——

あなたがデート相手に暴力をふるっているのなら、それは犯罪です。
自分がしていることに気づき、相手だけでなく自分も傷つけていることに気づいてください。
あなたが暴力をふるわれていたら、あなたの身におきていることは
いったい何なのか理解し、どうするか決めるためにこの本を読んでください。
ＤＶで苦しんでいるのはあなただけではないことを知ってほしいし、
あなたには自分の人生を自分で決めたり、
切り拓いたりする力が備わっていることに気づいてほしいと思います。
もし身近な人におきていたらその人をサポートしてあげてください。
この本をあなたのデート相手と二人で読んで、そして話し合ってください。

山口のり子

目次

Lesson 04 もしあなたが暴力をふるわれていたら？

Lesson 05 女らしさ・男らしさのしばりから自由に

Lesson 06 恋愛幻想

Lesson 01

デートDVってなに？

怖くて別れられなかった

A子さんの事例を紹介しましょう。

二歳年上の彼とは友人の紹介で知り合いました。「仕事のことなど、私がやりたいことに共感、応援してくれる人だ」と感じ、約二週間後に付き合い始めました。一カ月ほどは順調でした。でもセックスしてより親しくなり始めたら、突然、身体的な暴力をふるわれました。彼の言う通りにしなかったから……。

暴力の原因はいつも些細なことでした。「男と付き合うというのが、どういうことかわかっていない」とか、「それが彼氏に対してすることなのか」と大声を出すのです。彼は、私が思い通り行動しないとイライラして、怖い目でにらむのです。機嫌がなおるまで私を無視しました。そのころから私のことを「おまえ」と呼ぶようになりました。私が美容関係の仕事をしたいと思って相談すると「おまえには無理」と否定されました。普段の服装についても「そんなのおまえには似合わない」と言ってけちをつけたりして、私が自信をなくすようなことを何度も言いました。彼はさらに私の行動も監視しました。友人の誘いで夜外出することも「自分で考えて行動しろよな」と暗に反対しました。結局、私は自主的に夜の外出を控えるなど、彼の顔色をうかがうようになりました。暴力のあとはいつも「悪かった」と謝り優しい声をかけてきました。無理に別れようとしてもまた暴力をふるわれるんじゃないかと思い、怖くてできませんでした。

漫画の美奈さんとA子さんはデートDVの被害者です。翔太さんとA子さんの彼はデートDVの加害者です。結婚している夫からのDVも、デート相手からのDVもまったく変わりません。結婚しているかどうかの違いだけです。「愛しているから」「愛されているから」と考えるから、暴力をふるうほうもふるわれるほうも、それが暴力だとなかなか気づけません。被害者が暴力から逃げ出すことは簡単ではなく、別れようとすると暴力が激しくなります。

DVは世界中のあらゆるところでおきています。国も文化も宗教も習慣も言葉も何も関係ありません。社会的地位・年齢・職業・学歴・所得などにもいっさい関係なく、どんな人でも加害者や被害者になってしまう可能性があります。そして実は男性の被害者もいます。女性の加害者もいます。DVは親密な関係の同性間にもおきます。しかしこの本では主に男性から女性への暴力という捉え方をしています。それは加害者のほとんどが男性で、被害者のほとんどが女性だからです。それは男女の社会的な地位や力の差、社会の仕組みなどに深く関係しておきていることだからです。

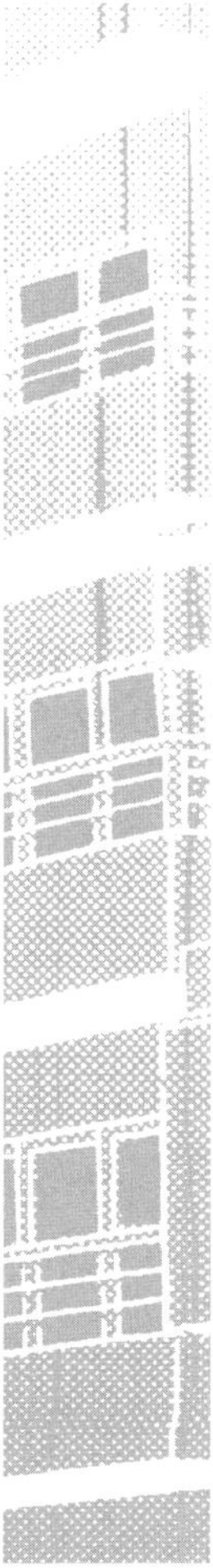

あなたの意識をチェックしよう

まずこれから二一の質問をします。次の項目が正しい、自分もそう思う、と思ったら□の中に✓点をつけてください。テストではありません。まちがったからといって恥ずかしく思うことはありません。正直に答えてください。

□❶ DVなんておとなにしかおこらない。
□❷ デートDVなんて高校生におきていない。
□❸ デートで暴力をふるわれる女の子なんて少ない。
□❹ おきたとしてもきっと一回だけだ。
□❺ 望んでいないのにセックスする女の子なんていない。
□❻ いちどセックスしたら「彼女は俺のものだ」と思っていい。
□❼ デートでレイプされる子なんて自分が悪い。
□❽ 暴力はお互いに嫌いになって別れそうになったときおきる。
□❾ 暴力をふるうのは相手を好きじゃないからだ。
□❿ 暴力をふるわれる理由が女の子のほうにある。
□⓫ うんと親しくなれば、女の子がいやがっても男の子がセックスしたがるのはしかたない。
□⓬ 女の子のNOは、ほんとうはYESだ。

□⑬女の子がどうしてもセックスはいやなら避けられるはずだ。

□⑭セックスのとき男の子が避妊したがらなければ、女の子は無理強いできない。

□⑮女の子のほうから避妊してなんて言ったら嫌われる。

□⑯避妊なんてかっこ悪い。

□⑰相手のことが好きなんだから、相手の行動をしばってもかまわない。

□⑱相手をおとしめるようなことを言ったりばかにしたりどなったりすることは、暴力のうちに入らない。

□⑲暴力をふるう人が心から反省し、もうしないと誓うなら暴力はやめられるはずだ。

□⑳暴力をふるう人は精神病質者だ。

□㉑デートで男の子のほうがお金を払ったら、女の子はセックスに応じるのは当然のことだ。

✓点のついた項目がありますか。これらの内容はすべてまちがっています。ですから✓点をつけたら、まちがったということです。でもそれを恥ずかしく思うことはありません。こういうまちがった思い込みは昔から社会にあふれています。そういう社会に生まれて暮らしている私たちが、同じように間違った思い込みをしていたとしても、それは当然のことです。でもまちがっているとわかったら、自分の認識を改めることが大切です。それが

DVをなくすための第一歩です。ひとつでも✓点をつけた人は、ぜひ次の答をよく読んでください。

まちがった思い込みを改めよう

質問の❶から㉑はすべてまちがった思い込みです。以下が正しい事実・情報であり正しい理解の仕方です。統計で✻印がついたものはアメリカのものですが、基本的には日本も同じような状況だと考えてください。

❶ 一二歳から二一歳で交際中の三組のうち一組にデートDVがおきている。✻

❷ 高校生と大学生の四人に一人が、デートDVを経験している。✻

❸ デート中の女の子の半分はデート相手から、身体的、性的、心理的な暴力や言葉の暴力を経験している。✻

❹ デート中の暴力は一度おきるとまたおきやすい。デートDVはひどくなったり長引いたりすることが多い。

❺ 日本では、二〇人に一人の女子高校生が恋人や知り合い、友だちから無理やりセックスされたと答えている(アジア女性基金による調査　七六頁参照)。されそうになったという未遂を含めると五人に一人が経験している。また「まだ自分はセックスする心の準備ができていないのにしてしまった」という女の子は多い。

❻ いちどセックスしたことで、相手を自分のもの、所有物のように考えることから相手への支配は始まる。

❼ デート中であれ相手がいやがっていることをする権利は誰にもない。

❽ デート中の暴力のほとんどが、仲が深まったときおきている。

❾ 嫉妬が暴力をふるう最も大きな理由にあげられ、四分の一から三分の一の被害者が、相手の暴力は自分への愛情を表す手段として使われたと答えた。＊

❿ 暴力をふるっていい理由などどこにもない。

⓫ 親しいことがセックスを無理強いしていい理由にはならない。お互いの性的自己決定権を尊重しなければならない。

⓬ それはメディアなどで広められてしまった間違った情報だ。男の子は女の子の「NO」を尊重しよう。女の子はいやならいやと、不安なら不安と、まだ準備ができていないなら「待って」とはっきり言おう。

⓭ 男の子は彼女がキスやペッティングなどの性行為にいったん同意したら、それはセックスまで同意したことだと考えがちだ。しかしキスとセックスとはちがう。女性がどこまで望むかは彼女次第であり、男の子はそれを尊重しなければならない。

⓮ セックスはふたりの責任でする行為であるはずだが、それによる望まぬ結果（妊娠）は、女の子だけに背負わされてしまう。避妊のためだけではなく、HIVなどの感染予防のためにも男の子は避妊をする義務と責任がある。

⓯ それで嫌いになるような男の子は彼女のことをほんとうに好きでもないし、大事にも思っていない。

⑯とんでもない。望まない妊娠をすることで、女の子は身も心も傷つく。産んでも産まなくても女の子のそれからの人生に大きく影響する。避妊に責任をもたないことは、相手を大事に思ってないことだ。

⑰相手が好きだからといって行動をしばるのはまちがいだ。それはほんとうの愛情ではない。

⑱相手をおとしめるようなことを言ったりばかにしたりどなったりすると、からだへの暴力と同じくらい相手を傷つけ、自信を失わせ、自尊心をなくさせてしまう。

⑲後悔し謝り、許しを乞うのは、加害者が被害者をコントロールするためのひとつの方法である場合が多い。加害者が自ら気づいて暴力をやめるのは稀で、何かしらの介入がない限り続き、暴力がだんだんひどくなることが多い。加害者はひとりでは変われない。

⑳DVは病気ではない。加害者は親密な相手に対してだけ暴力をふるうのであり、その他のすべての面では普通の生活を送っている。

㉑男の子がデートでお金を払えば、女の子にセックスを求めていいと考えるのは、相手を尊重していないことであり、買春するのと同じ意識だ。

暴力のタイプ

ではデートDVっていったいどんな態度・行動のことなのでしょうか。デート中の若者たちにどのようなことが実際におきているのか見てみましょう。まず暴力の種類は次のようにいろいろあることに気づきましょう。

言葉での暴力… 相手に向かってばかにした言葉や汚い言葉を言う（バカ、ブス、デブ、汚い、など）、相手に対して欠点をあげつらったり否定的なことを言ったりする、どなる、叫ぶ、わめく、皮肉やいやみを言う。

身体的暴力… 相手に向かって物を投げる、唾を吐きかける、噛みつく、つかんでゆする、部屋や家から出ないようにさえぎる、監禁する、押したり突いたりする、押さえ付ける、髪の毛をつかんで引っ張る、平手で顔をたたく、げんこつでなぐる、物を使ってたたく、首を締める、危険物や凶器を使う、タバコや熱いもので火傷させる、蹴る、足をひっかけて倒す、など。

心理的暴力… 物を投げたり壊したりする、不機嫌になったりむっつりしたりする、相手に自分はだめな人間だと思わせる、感情を見せない、無視する、自分の失敗をけっして認めないで相手の言う事実を否定する、自分の態度や行動を相手のせいにする、事実をねじ曲げたり矮小化《わいしょう》したり否定することで相手を混乱させる、次にどんな行動をするかわからなくさせてびくびくさせる、わざと浮気をして嫉妬させる、浮気をしているだろうと相手を責める、ストーキング（つきまとい）する、友だちや家族の前で侮辱する、友だちや家族に連絡させない、あるいは会わせないでだんだん孤立させていく、プライバシーをもたせない、やさしくするのと虐待するのを交互にして混乱させる、「自殺する」とおびやかす、相手の大切な物を壊したりペットを痛めつけたりする、など。

性的な暴力…相手がしたがらないのにセックスを無理強いする、怖がらせていやと言えなくさせておいてセックスを求める、セックスのとき痛めつけたり侮辱したりする、力や暴力でレイプする、避妊に責任をとらない、セックスに応じないと不機嫌になったり冷たくする、見るのをいやがっているのにポルノなどを無理やり見せる、友だちにふたりのセックスのときのことを話す、セックスに応じないと浮気してやると言う、など。

みなさん、考えてもみなかったことがいくつもありましたか。実はこれらすべてが、人を支配する手段としてのＤＶ行動になるのです。からだへの暴力だけが暴力だと思い込んでいませんか。ことばでの暴力に一番傷ついたという被害者はおおぜいいます。また性的暴力はなかなか気づけませんし、気づいてもつらくて認めたくないものです。

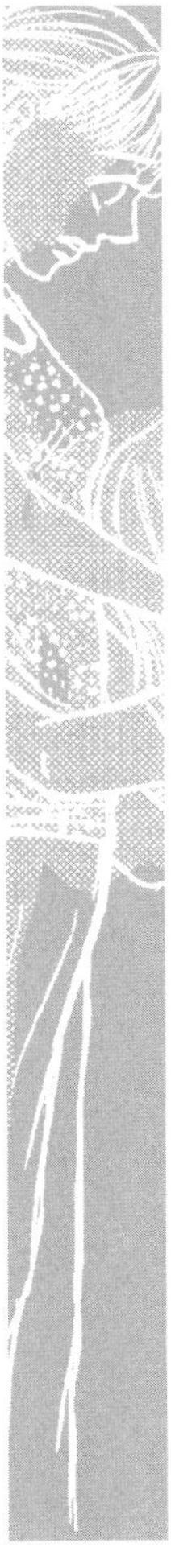

性的暴力

暴力をふるう男性は暴力をふるったあとで、相手にセックスを求めることがあります。セックスすることで仲直りしたいとか、心が離れてしまった相手との距離を縮めたいと考えるからです。しかし暴力をふるわれた女性は、セックスでさらに傷ついてしまいます。拒むと相手が再び暴力をふるうのではないかとおそれたり、応じれば事態がよくなるのではないかと期待したりして、ほんとうはセックスなどまったくしたくないのにしてしまったという被害者はおおぜいいます。そして「彼はこれで自分の暴力を帳消しにするつもりだ」とか「やっぱり私が悪いのだろうか」とさまざまに考えて混乱し、一層おとしめられたように感じてしまいます。一方男性のほうは相手がセックスに応じてくれたことで、自分の暴力行為が許された、問題解決したと自分勝手に解釈することで、罪の意識は薄れ、自分の暴力の問題を忘れてしまいます。そうやって自分の行動の責任を認めなくてもすむようにしてしまうのです。いやと言えないまますするセックスを「レイプと同じだ」と感じる女性が実は多いのです。セックスの強制は支配する行為であり暴力行為です。

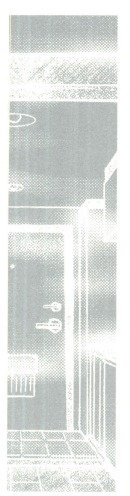

Lesson 02

DVは力と支配

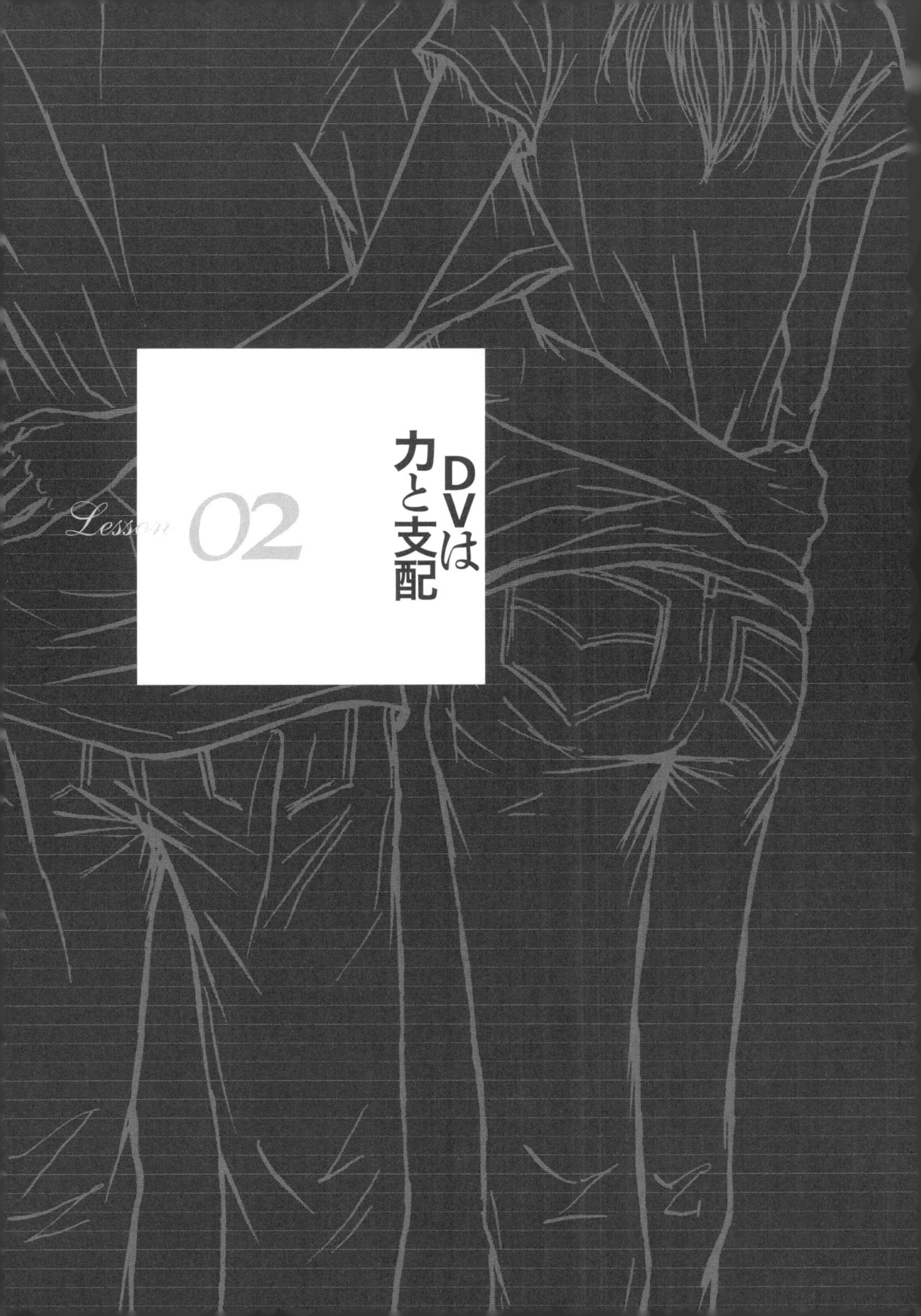

デートDVによる傷

デート相手にさまざまな形の暴力をふるわれている人はいったいどんな気持ちだと思いますか。想像してみてください。

相手がとても怖いです。怖くて顔色をいつも伺っています。彼が気に入らないことをしないように、いつも気をつけているので疲れてしまいます。だから自分がしたいことや自分の気持ちがわからなくなってしまいます。自信も自尊心もなくしてしまいます。自己肯定感ももてません。暴力をふるわれていることがとても恥ずかしくて誰にも言えません。自分が悪かったにちがいない、私が彼を怒らしてしまったからだ、と自分を責めます。友だちと前のように自由に会えなくなって孤独感をもちます。別れたいけれどももっと暴力をふるわれそうで怖くてできません。反対に彼を愛しているのだから、彼を許して支えてあげなくてはとか、彼を変えてあげなければなどと考えます。よく眠れなくなったり、うつ的になったりすることもあります。彼が好きだけどときどきたまらなく憎くなったり、彼への怒りがわいてきます。そういう自分がまたいやになります。勉強に集中できないし、何もかもがいやになります。将来に不安を感じるようになります。つらくて死にたくなることもあります。トラウマを抱えてしまい、それから回復するのに何年もかかります。

力と支配

暴力をふるわれる人はこんなに複雑で苦しい思いを抱えて悩みます。DVは相手を破壊してしまうような行為です。好きになった相手をこんなに傷つける行為なのに、なぜするのでしょうか。DVを理解するためのキーワードがあります。「力と支配」です。これはどういうことかというと、暴力を使って相手をおどし怖がらせて混乱させることで、相手に対してパワーをもち、コントロールしようとすることです。相手に対して力をもち支配したい、つまり自分の思い通りに相手を動かしたいということです。相手に対する力と支配を維持するために、手段として暴力を選択するのです。意識的に繰り返し使われる虐待であり暴力行為です。そして相手から、セックスを含めて自分の行動や人生そのものについて決める権利も、決める力も奪ってしまいます。それがDVです。

暴力の環

さらにデートDVへの理解を深めるために次頁の図をご覧ください。この図は「暴力の環」と呼ばれるもので、人が人を支配しようとするとき、一見別々のものにしか見えないそれぞれの暴力が互いに関係し合い、そのひとつひとつが重要な要素となることを示したものです。

心理的・感情的な虐待…　ばかにしたり辱《はずかし》めたり責めたりして、自分がおかしいとか自分のせいだと思わせる、相手の気持ちをもてあそぶ、など。

社会的な男の特権を使う…（男であるというだけで相手に対して特権をもっていると錯覚して次のようなことをする）重要なことは自分ひとりで勝手に決める、「おまえは俺の言う通りにしていればいいんだ」と言う、「おまえはどうしようもないお嬢様だなあ」「おまえみたいな世間知らずに何ができるか」「女は男を立てるものだ」などと言う、自分のことはさておいて夫や子どもの世話をした自分の母親のようであることを相手に期待して、その期待を押し付ける、相手が自分との関係を常に優先しないと許せない、など。

威圧と脅迫で怖がらせる…　相手を自分の思い通りに動かすために、傷つけるようなことをわざと言う、別れるとか自殺すると言っておどす、「そんなことしたらどういう目にあうかわかっているだろうな」などと言っておどす、物を壊したり、武器を見せたりしておどす、なぐるジェスチャーやにらむなどの行動で怖がらせる、相手が大切にしている物を壊したり、ペットを痛めつけたりする、など。

性的強制… セックスをするためだましたりおどしたりする、避妊を拒絶して責任をとらない、その結果妊娠させる、セックスするためお酒を飲ませたり薬物を飲ませたりする、「セックスに応じないと浮気してやる」「セックスに応じないと風俗へ行ってやる」「ピルを飲む（避妊）のはおまえの責任だ」と言う、他の人と無理やりセックスさせる、など。

孤立させる… 女性がすることや、会う人、話す相手、読むもの、行き先などを規制して行動を制限することで、孤立した状態に追い込む。そういう自分の行動を正当化するために嫉妬を利用する、など。

仲間はずれをおそれさせる… 「誰だってデートでセックスしてるぜ」「男がしたがっているのにいやがるなんておまえだけだ」などと言う、仲間や友人たちに弱みをばらすとおどしたり、悪意のあるうわさを流すとおどしたりする、など。

否定、責任転嫁、自己正当化、矮小化… 暴力をふるう人の多くがしてしまうこと

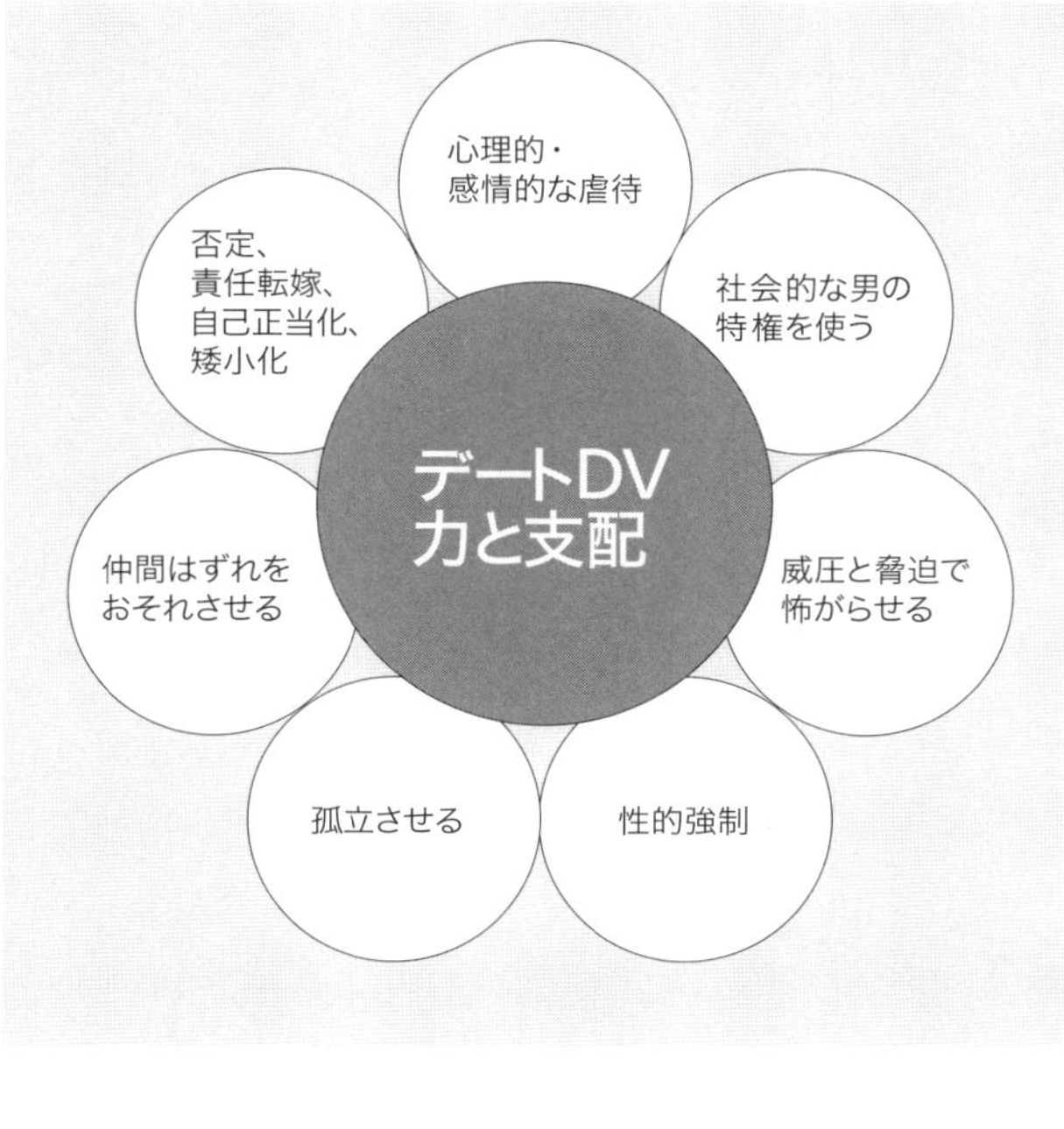

ドメスティック・アビューズ・インターベンション・プロジェクト ドゥルース ミネソタ州の図を少し変えたものです。

です。

◉否定とは… 「俺は暴力なんてふるっていない」「そんなことは言ってない」「ちょっともめただけ」「あれはけんかしただけだ」「けんかの延長だ」などと言って自分が暴力をふるった事実を認めないで否定することです。

◉責任転嫁とは… 「おまえが俺を怒らせた」「君が僕をバカにしたからだ」「おまえが返事しなかったからだ」「君はすぐ傷つく」「傷つくほうが悪い」「君は大げさだ」「おまえは文句ばかり言う」などと言ったりすることです。

◉自己正当化とは… 「おまえのほうこそ頭がおかしい」「君の思いちがいだ」「傷つけたりけがさせたりするつもりはなかった」「俺はなぐるつもりなんてなかったのにおまえが動いたから顔に命中してしまっただけだ」などと言うことです。

◉矮小化とは… 腕をねじあげて痛めつけたのに「ちょっと腕を掴んだだけだ」とか「ちょっと押しただけだ」と言ったり、暴力を軽くみるとか、なかったような言い方をしたりすることです。

暴力のサイクル

大事な存在であるはずの相手に暴力をふるってしまう人は、暴力のサイクルにはまり込んでいます。それに自ら気づくことは重要なことです。暴力には三つのステージがあり、暴力のサイクルとして繰り返されることがよくあります。ただしすべてのケースにあてはまるわけではありません。

ステージ1… 暴力をふるう男性の緊張が高まり、女性はいつそれが爆発するか気が気でありません。男性はちょっとしたことで怒りをつのらせ、不穏な空気がたち込めます。

ステージ2… 男性の感情的な緊張が限界に達し怒りが爆発します。言葉での暴力、心理的暴力、身体的暴力などがふるわれます。

ステージ3… 男性が暴力をふるったことを詫びたり、もう暴力をふるわないと誓ったり、言い訳をしたり、プレゼントをしたりして埋め合わせをしようとします。女性は怒りから愛情までさまざまな感情の混乱を味わった末、男性の言葉を信じようとします。経

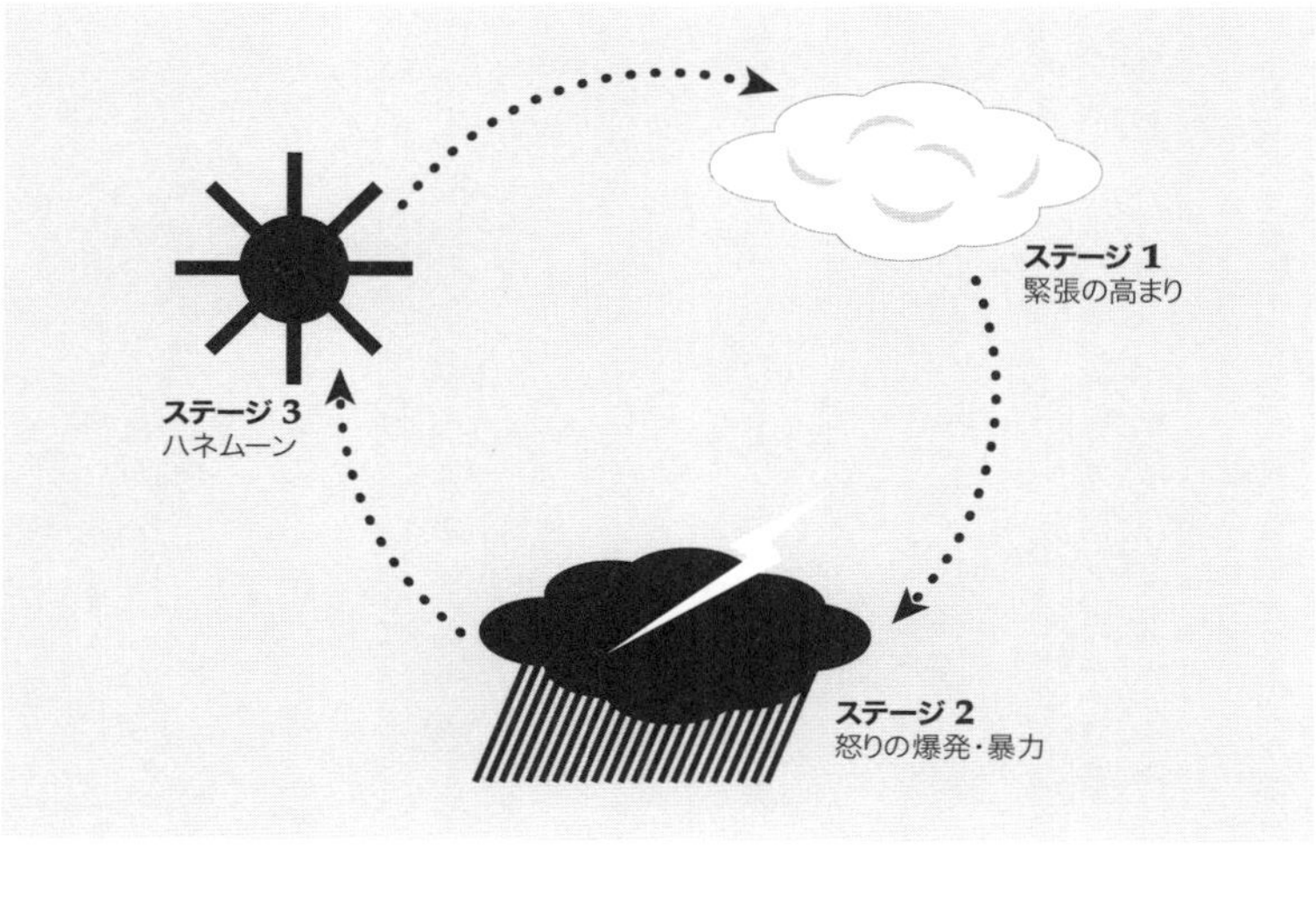

レノール・ウォーカー・モデル
1982

験の少ない若い人ほど、比べる対象がないだけに強く信じ込みがちです。そして暴力のサイクルは繰り返されます。

Lesson 03

もしあなたが暴力をふるっていたら？

なぜ暴力をふるうのか？

デートDVでは、「結婚しているわけじゃないんだから、女の子のほうがさっさと離ればすむじゃないか」と、女の子の問題とまわりが見がちです。しかし暴力は暴力をふるうほうの問題です。なぜ暴力をふるうのか、どうしてやめないのかを、暴力をふるう人に問わなければなりません。

自分のデートDV行動に気づいた男性たちはこんなことを言っています。

Qさん… セックスをしたら彼女を自分のものと思ってしまいました。そしていつも僕のほうを向き僕を気遣ってくれること、男である僕を中心にしてくれることや言わなくても僕の気持ちがわかってくれることなどを期待して、その期待を彼女に押し付けてしまったように思います。

Rさん… 初めて彼女に暴力をふるったときは自分でも驚きました。でも謝った僕を彼女が許してくれたと思ったとき、「ああ、こいつはもう俺の言う通りどうにでもなる」と思ったことを覚えています。

Sさん… 僕は父親になぐってしつけられました。僕が何か悪いことをしたときたたかれました。だから年下の彼女をたたいて教えてもいいと思い込んでいました。

Tさん… 彼女がおしゃれしたり、セクシーな格好をしたりしていると、まわりのやつらが彼女に色目をつかうんじゃないかと考えてやけてきました。それで「そんな格好するな」

とか「他の男と口をきくな」と言ってしまいました。

Uさん… 彼女を失うことをおそれていました。失ったら自分がどうなるかわからないような気がしていました。そういう気持ちを彼女に言えませんでした。だから彼女が離れていかないようにしばってしまいました。

Vさん… 僕は怒りのコントロールができませんでした。コントロールするための努力をしないで、彼女に対して、付き合っているんだから、怒りをコントロールできない自分を受け入れてくれて当然だろうというふうに思っていました。

Wさん… 自分の自信のなさや無力感を隠すため、彼女に対して強がったのだと思います。

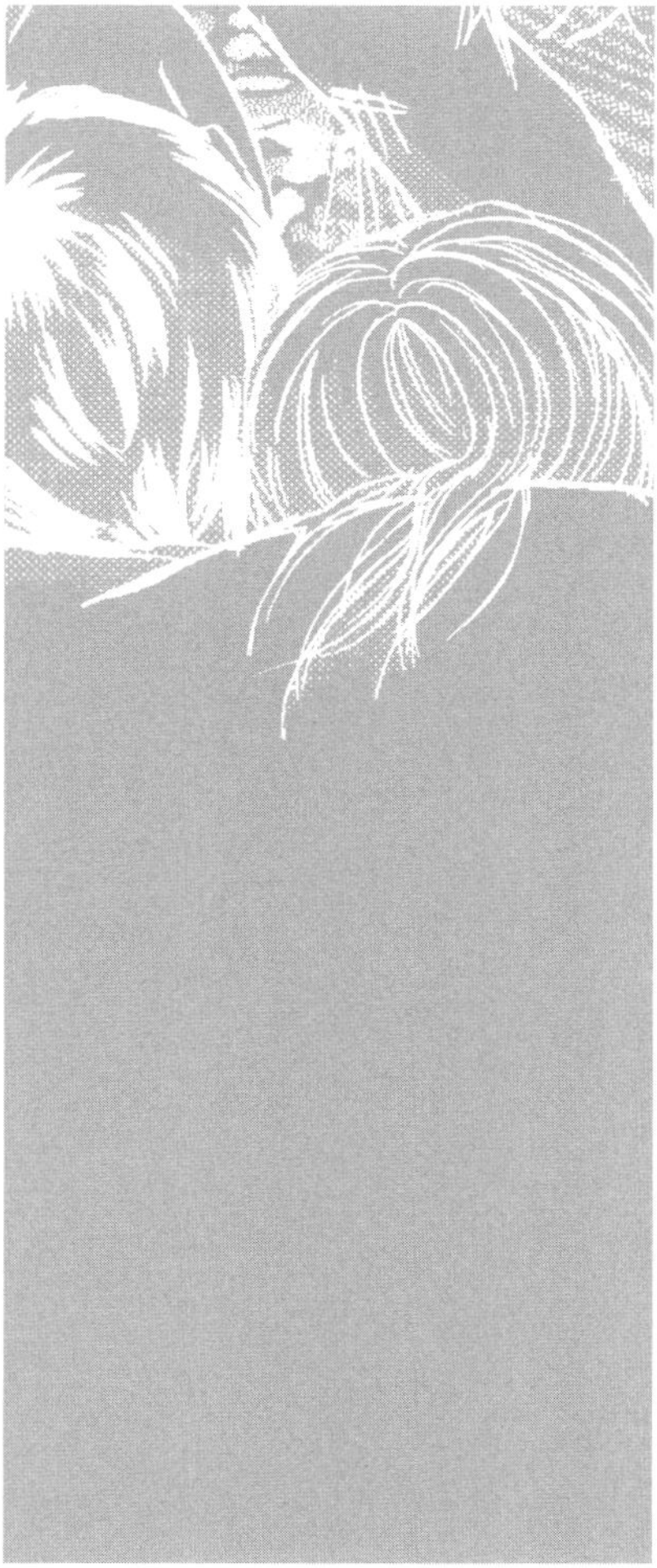

自分の態度・行動チェック

あなた自身がデート相手に暴力的な態度をとっていないか次の項目でチェックしてください。

□❶ あなたは相手が自分の意見に従わないといらいらしたり怒ったりしますか。

□❷ あなたは相手が自分だけでなく、他の人とも仲良くしているのにときどき嫉妬しますか。

□❸ あなたは相手がどんな人とどんな話をしているのか気になりますか。

□❹ あなたは相手に、何をするか、誰と話すか、どこへ行くか、何を着るか、などについて指示する権利があると思っていますか。

□❺ あなたは相手に向かって「俺とあいつ（ときに人、物、ことがらなど）のどっちが大事なんだ！」という言い方をしますか。

□❻ あなたは腹を立てたとき、相手の目の前で物をたたいたり、壊したり、投げたりしますか。

□❼ あなたは腹を立てたとき、相手の腕や肩をつかんだり、押したり、たたいたりしたことがありますか。

□❽ あなたは、あなた自身の問題や自分がいらいらしていることを、相手のせいだと責めたことがありますか。

□❾相手がしたことをとがめるとき、あなたはたたいたりしたことがありますか。

□❿あなたは、男性がいつも女性をコントロールしなければと思っていますか。

□⓫あなたは、女性は男性に劣っていると思いますか。

□⓬あなたは、女性は男性の所有物だと思いますか。

□⓭セックスのとき相手がコンドームをつけてというのにつけないことがありますか。

□⓮相手がセックスをほんとうはしたくなくても、自分のことが好きなら応じてくれるはずと思っていますか。

□⓯あなたは自分が気にいらないことを相手がしたとき、からだへの暴力(押したり、突いたり、平手でたたいたり、なぐったり、けったりする)をふるったことがありますか。

これらはすべて相手に対して力をもち支配しようとする行為です。✓点のある人は自分の態度・行動を見直してみる必要があります。そしてあなたに必要なことは次のようなことです。

気づきへの一歩

❶ 認める…　あなたがしていることはDVです。それは犯罪です。それを認めましょう。そしてすぐやめましょう。DV行動をしてしまうあなたは心に傷を負っているのかもしれないし、過去に暴力の被害体験があるのかもしれません。その体験からまちがったことを学んでいるのかもしれません。でもそれはあなたの暴力の言い訳にはなりません。暴力に言い訳はないのです。つらいでしょうがまずそういう自分と向き合いましょう。自分を変えないですませることは簡単かもしれません。でもあなたはそのままでは幸せに生きられません。

❷ 彼女と会うのをやめる。

❸ デートDVのことをもっと勉強する。

❹ 両親や友だちに自分の暴力の問題について正直に話す。

❺ 自分が女性蔑視の考えをもっていないかチェックする。あればその考えを捨て女性を尊重するように努める。

❻ サポートを得る。あればDV加害者プログラムへ通う。

❼ アルコールの問題をかかえているようならAA（アルコール依存症から回復するための）プログラムに参加する。

❽ 暴力をふるう自分と向き合えたら、そういう自分を認めてさらに前へ進む。

❾ 自尊心を高めるために何かする。目標をもって行動をおこす。

Lesson 04

もしあなたが暴力をふるわれていたら？

相手の暴力的態度の見分け方

多くの被害者が、自分のされていることになかなか気づけません。相手からの暴力で少しずつ自分が変わってしまいわからなくなっているかもしれません。子どものころの経験などで、暴力を特別なことと思えなくなっているからかもしれません。次の質問はそんなあなたに気づいてもらうためのものです。

デートDVのサインを見つけるため、デート相手の態度について質問に答えてください。

□❶ 相手はあなたのことを「バカ」「うざったい」「汚い」「アバズレ」など、人をおとしめるいやな言い方で呼びますか。

□❷ 相手はあなたが他の用事で会えなかったりすると、自分を最優先にしないと言ってふてくされたり、怒ったりしますか。

□❸ 相手はあなたが誰と話すか、誰といっしょにいるか、知りたがりますか。

□❹ 相手はしょっちゅう携帯に電話してきて、あなたがどこで誰と話したり会ったりしているかチェックしますか。

□❺ あなたは相手が怖いですか。

□❻ あなたへの態度についてデート相手は謝ることが多いですか。

□❼ 相手はときにはとてもやさしくて、ときにはとてもいじわるでいやな態度をみせますか。具体的には「俺にはおまえしかいない!」とやさしく言ったり、「おまえはどうしようもないバカだ」と言ったりしますか。

□❽ ふたりがけんかしたとき、相手は「おまえが怒らせるようなことを言ったからだ」とか、「気が短いことを知っているはずだ」とか言ってあなたを責めますか。

□❾ 相手はよくあなたに、「つまらないことにこだわってうるさい」とか、あなたが何かについて話そうとすると話をそらしたりしますか。

□❿ 相手はよく約束を破りますか。

□⓫ 相手はあなたの携帯をチェックして、異性の友だちのメモリを消せと命令したり、勝手に消してしまったりしますか。

□⓬ 相手は「俺のことが好きならいいだろう」とあなたが気が進まないことをさせることがありますか。

□⓭ 相手はセックスを無理強いしますか。

□⓮「コンドームをつけて」と言うと相手はいやがりますか。

これらはすべて相手に対して力をもち支配しようとする行為です。✓点のある人はふたりの関係を見直してみる必要があります。

なぜ相手から離れられないのか？

ではなぜ暴力をふるわれる関係からなかなか離れられないのでしょうか。離れられないあなたが悪いのではなくて、離れることは実は誰にとってもとても難しいことなのです。暴力をふるわれても付き合い続けてしまった理由を集めてみました。

❶ 彼の暴力が怖くて別れるなんてとても言えなかった
❷ 彼のことをわかってあげられるのは私ひとりしかいないと思っていた。
❸ 私が彼を救ってあげなくちゃと思い込んでいた。
❹ 彼が暴力さえやめればすべてがうまくいくと信じていた。
❺ 彼と付き合えてラッキーだと思っていた。私なんか彼以外の誰も好きになってくれないと思っていたから。
❻ 友だちみんなが彼のことをステキな彼氏だと言っていた。私が暴力をふるわれてるなんてとても言えなかった。だから何にも問題なんてないようにふるまっていた。
❼ 両親が私たちを引き離そうとするから、彼の暴力がひどくなったと思っていた。
❽ 暴力をふるったあとで彼は泣いて謝り、もうけっしてしないからと誓った。私はそれを信じた。
❾ ふだんの彼はとってもやさしい。だからきっといつか変わってくれると信じていた。
❿ 彼が嫉妬するのは、それだけ私のことを愛しているからだと思った。

⓫ 私が別れようとすると彼はすごく落ち込んで、自殺すると言ったから。

⓬ 同棲するか結婚するかしてもっといっしょにいれば、彼は私を信用するにちがいないと思っていた。

⓭ 彼なしでは生きられないと思っていた。

暴力を
ふるわれたあなたに
できること

好きで付き合っている相手から暴力をふるわれるなんてとっても恥ずかしいこと、なんてあなたは思っていませんか。それは恥ずかしいことでもなんでもないのです。暴力はあなたのせいでもないし、あなたに責任があるわけでもありません。そういう目にあっているのはあなたひとりだけでもありません。彼から離れられないあなたの理由はいくつもあるかもしれませんが、それでもあなたにできることはあります。あなたには決断する力と行動する力がもともとそなわっているのです。具体的に何ができるか考えてみましょう。

❶ また暴力をふるわれそうになったとき、どうやって自分の身を守るか計画を立てる。

◉例… 逃げ込むところを考えておく。すぐ助けを求められる人を決めて頼んでおく。

❷ どうってことないことだと軽く考えない。

❸ セックスしたくないときははっきり断る。

❹ 彼といっしょにいることで自分が失っているものに目を向ける。

❺ ふたりっきりで会わないようにする。

❻ 信頼できる友だちに彼の暴力の問題について話す。

❼ おきていることを両親や信頼できるおとなに話す。

❽ 学校の教師や養護教諭やスクール・カウンセラーなどに相談する。

❾ 住んでいる県や市の相談支援センターや女性相談の窓口に相談する。（巻末にリスト掲載）

❿ 民間のDV被害者支援団体などの電話相談や窓口で相談する。
⓫ 児童相談所、福祉事務所などに相談する。
⓬ 相手に暴力をやめるようにはっきり言う。
⓭ 相手に「あなたのしていることは暴力で犯罪だ」とはっきり言う。
⓮ いつか自然に暴力をふるわなくなるという期待を捨てる。
⓯ 自分が彼を支えなければ、助けなければという考えをやめる。
⓰ 自分が彼を変えられるという考えをやめる。
⓱ 警察に通報する。
⓲ 護身術を習う。

日本が、DVに対して社会問題として取り組むようになってまだ数年しか経っていません。二〇〇一年につくられたDV法は、名前が「配偶者からの暴力の防止および被害者の保護に関する法律」といって婚姻関係に限定しています。（米国など他の国ではDVは婚姻の有無に関係ないという法律をつくっています。）またDVに関わるすべての人たちが、DVのトレーニングを受けるべきなのですが、受けていない人がまだおおぜいいます。トレーニングを受けていない人が、前記のような施設であなたの前に出てくるかもしれません。その人はあなたが必要とする対応をしてくれないかもしれませんし、あなたを傷つけるようなこと

を言うかもしれません。「デート中なんだからDVじゃない」と言ったり、あなたを責めたりするような人だったら、「DVとデートDVは同じです。ちゃんとDVのことをわかる人に代わってください」とはっきり要求していいのです。ちゃんと対応して助けてくれないのは、あなたの人権を尊重していないことになるのですから。でも若いあなたには言いにくいでしょうし、誰かおとながいっしょのほうがちゃんと対応してくれる場合もあるかもしれないので、信頼できるおとなにいっしょに行ってもらうほうがいいでしょう。DVのことがわかっている人は、きっとあなたの力になってくれるはずです。

実際に行動をおこした人

デートDVの被害者女性で、実際に行動をおこした人の例を三人ご紹介します。あなたが行動をおこす際の参考になるでしょう。

B子さん…彼はすごくやきもちやきで、私が他の男性と話をしたり、女友だちと遊びに行ったりするだけで暴力をふるいました。そして必ず最後に「おまえのために俺はなぐるんだ」と言ってなぐることを正当化しました。何度も別れようとしたのですが、別れ話をするたびになぐられました。結局私は彼の友人で私が信頼できると思える人に相談しました。そうしたらその友人が彼に私がほんとうに別れたいと思っていることを話してくれました。暴力がよくないということや、私がとても苦しんでいることも話し、あきらめるように説得してくれました。その後一カ月ほど彼のストーカー行為に悩まされました。でもそのうち私に別の彼氏ができたことを知って彼はやっと引き下がりました。

C子さん…彼は私とは別の高校の上級生で、半年ほど付き合ってセックスもしていました。親には内緒にしていました。彼に暴力をふるわれていることを、私は友だちにも言えませんでした。でも暴力がだんだんひどくなって耐えられなくなったとき、学校の養護の先生に相談しました。先生は私が悪いとも別れるようにとも言いませんでした。ただ「あなたが彼のことを心配しているのはわかるけど、私はあなたが心配なのよ」と言ってくれたり、「あなたが楽になる方法はないかしら?」といっしょに考えてくれたりしました。私は先生や親に話したことを彼が知ったら何をされるかわからないとおそれていましたが、勇気を出して母にも話しました。話しただけでほんとうに楽になりました。母が彼に連絡をとって、私にいっさい近づかないように厳しく言ってくれました。でも登下校のときつきまとわれたので、養護の先生が担任の先生に話し、クラスメートの誰かがいつも私といっしょに登下校するようにしてくれました。皆に知られるのはとてもいやだったけれど、何かしなければ事態は変わらないことがあとでよくわかりました。

D子さん…私は関西に住む事務職員で、デートDV被害者です。数年前大学生だった時に付き合っていた相手から長い間精神的に暴力をふるわれました。そしてなぐられたことをきっかけに別れました。DV被害を受けたときにどうしたらよいのかという情報はまだ少ないのではないかと思います。私の経験から「こんな方法もあるんだ」と知ってもらい、あなたにとってよりよい方法を見つけるための参考になればたいへんうれしく思います。

◉精神的な発作…どんどん自分に自信がなくなり、さらに私の今までの人生や生活を全部否定されたように感じたとき、過呼吸と手指の震えという発作がでました。友だちに相談すると「自制できないのなら病院に行ってもいいんだよ、治るからだいじょうぶだよ」と励ましてくれました。テレビで「うつ病の人は病院に行きましょう」といった宣伝を見て、私も行ってみようと思いました。心療内科に行くと「パニック障害」と診断され、緊急用の薬と数回のカウンセリングを受けました。カウンセリングでは自分の心におきていることを話し、それについてカウンセラーが心理的に説明をしてくれたこともありました。この時点では私はまだDVの被害を受けているという意識はまったくありませんでした。

◉彼になぐられた時の行動の選択… デート中に車の中で口論になりなぐられました。そんなときはすぐ最寄りの警察に駆け込むか、どこか安全なところに避難してから通報するか選択することができます。私はとにかく彼が怖かったので何とかその場から逃げ出し、友だちの所に避難しました。でも最寄りの警察に駆け込んだほうが、彼を逮捕するにはよかったと後から知りました。警察に通報するとすぐに、刑事さんが来て事情を聞きメモを取ってくれました。このメモは後日の事情聴取・調書作成の際にも役立ちました。また顔などを十数回なぐられていたので、警察まで行って傷の写真を何枚も撮ってもらいました。服は着替えず暴力をふるわれたときの服を着ていました。

◉事実を残すために… なぐられて思ったことは、とにかくこの事実を残しておかなければ、ということでした。後で訴えるにしても証拠がなければ仕方がないような気がしたからです。自ら「告訴します」と言わない限り刑事事件にはならないようです。警察で話すことで、自分の気持ちが整理できると思います。「被害届け」と「告訴」は本来別であるようなのですが、私の場合は同様に扱われました。「被害届け」を出すだけでも今後のストーカー行為を抑制するのに有効だと思います。「ストーカー規制法のつきまとい等の禁止命令を出してください」とお願いしたのですが、ストーカー規制法違反で取り扱うより刑事事件として取り扱うほうが相手の今後の行動を抑制する上では効力があると言われて、刑事事件として扱ってもらうことにしました。ストーカー規制法は「生活安全課」が、傷害事件は「刑事課」が管轄とのことです。

警察の指示ですぐに病院に行き、けがの可能性のある科にすべて行き検査をしてもらいました。脳神経外科・眼科などにかかり、診断書を書いてもらいました。外見では分からなくても、骨にひびが入っている可能性もあるので、医師に事情を話して必要な検査をしてもらったほうがよいと思います。走って逃げたので、足も筋肉痛で階段を昇り降りできないほどでした。初めてCTスキャンを撮り、不安な怖い思いをしました。外傷は時間が経つとよくなってしまうので、自宅のカメラでも傷の写真を撮っておき保管しておいたほうがよいかもしれません。事件前後、彼からきた中傷的な手紙やメールはプリントしてさらに保存しておきました。事件後に彼からきた手紙はほとんどが、謝罪を述べたものでした。もしおどされたりしたらどうしようと思って一応読んでいましたが、いっさい返事は書きませんでした。

◉**刑事告訴**…女性センターの電話相談に相談したところ、事件を事実として残すために二つの選択肢があると言われました。刑事告訴と民事告訴です。これはどちらか一方を選ぶことも二つ同時に選ぶこともできます。

まず刑事告訴の場合ですが、関わる人は警察です。費用はかかりません。警察が取り扱うのは、「なぐった事実」による傷害罪です。監禁、強制わいせつもされたのですが、強制わいせつについては「付き合っていたのだから合意の上ととられ、残念ですがかえって不利になりますよ」と言われて問わないことにしました。つまり付き合っていた過程でのDVや、なぐられた当日の精神的苦痛は含まれないということになります。また刑事告訴の場合は治療費などの請求はできないそうです。警察ではつきあった経緯から話さなくてはなりません。話したことは警察が書面にまとめてくれるので、それを読んでまちがいがないか確認します。もしも自分の言いたいことが調書に記載されていなかったら、記載してもらうようにその場でお願いしたほうがいいでしょう。事情聴取が終わるとその書類は地方検察庁にわたり、検事にさらに詳しく事情聴取されます。その後彼への刑罰が確定します。でも私は刑事事件の取り扱う範囲の狭さや刑罰の軽さを知り、なぜこれだけなのかと不満に思い、民事告訴をすることにしました。

◉民事告訴… 民事告訴すると民事事件として扱われます。関わる人は弁護士で、代理人の依頼をすると今後いっさいの加害者とのやり取りを行ってくれるため、加害者と直接関わらなくてすみます。費用は着手金として約一〇万円を支払い、報酬金は事件の解決によって得られた経済的利益の額の約一〇〜二〇パーセントを支払います。弁護士の知り合いがいない場合は、相談窓口を通して依頼できます。民事事件では、彼の行動で法に触れる箇所はどこかということが重要なのだそうです。つまり警察で扱われなかった範囲も含まれることになります。それで弁護士にすべての事実を書面で残してもらいました。私は慰謝料や医療費、損害賠償などの請求をすることにしました。弁護士と話し合い、慰謝料などの総額を相手方に伝えたところ、支払いに応じてもらえませんでした。

和解のために弁護士から出されたのは、❶民事裁判❷調停❸仲裁申立❹引き続き弁護士同士の話し合い、の四つの選択肢でした。裁判以外の方法は非公開で行われます。

❶民事裁判は裁判所が行います。着手金がさらにかかり、裁判所に納める費用もかかります。裁判では相手方と顔を合わせますし、口頭弁論などがかなりの精神的な負担になると予測できます。

❷調停は簡易裁判所が行っており、調停委員が入って和解による紛争解決をはかります。調停申立に際しての費用は申立人の負担で五〜一〇万円くらいのようです。申立人が調停委員を選ぶことはできません。調停が不成立だった場合には自動的に審判手続が開始され、異義のない時にはそれに従わなくてはならないそうです。

❸仲裁申立は各弁護士会の仲裁センターが行っており、仲裁人が入り双方の言い分を聞いて和解点を見出し早期解決を目指します。費用は弁護士会によってちがうかもしれませんが、私の場合は申立手数料一万円を申立人が支払い、その後は仲裁一回につき五〇〇〇

円を双方が弁護士会に支払うようにということでした。他の方法よりも比較的費用はかからないようです。第三者が間に入るという点では調停と同じですが、候補者の中から仲裁人を選ぶことができることがメリットと言えます。仲裁判断は絶対的な効力をもたないので、仲裁人の判断に不服の場合にはすぐに裁判に移行することができます。それまでの仲裁での書類も引き続き裁判での資料となるのでスムーズです。

❹引き続き弁護士同士の話し合いは、どちらかが妥協しないと話が平行線のままで長引いてしまうことがあります。長引くことによって弁護士費用がかさんだり、精神的な負担になったりすることが予想されます。

◉**仲裁中立**…私はこのうち仲裁中立を選びました。理由は相手方と二度と顔を合わせたくなかったこと、精神的な負担を少しでも軽くしたかったこと、仲裁人が双方の話をきちんと聞いてくれること、仲裁判断を参考意見とすることもできること、DVに詳しい方を仲裁人としてお願いできること、比較的費用が安いこと、早期解決をめざす制度であることなどです。仲裁日には双方が同じ日時に弁護士会館に呼ばれます。廊下などですれ違う可能性はありますが、控え室は別々で、仲裁人との面談は入れ違いに行われるので直接相手方と会ったり話をすることはありません。必要に応じて手紙や答弁書の形で相手方の言い分を聞くこともあります。仲裁の資料は刑事事件の調書や自分で控えておいた相手方の手紙、傷の写真などで、仲裁人に事件の全容を理解してもらうために役に立ちました。

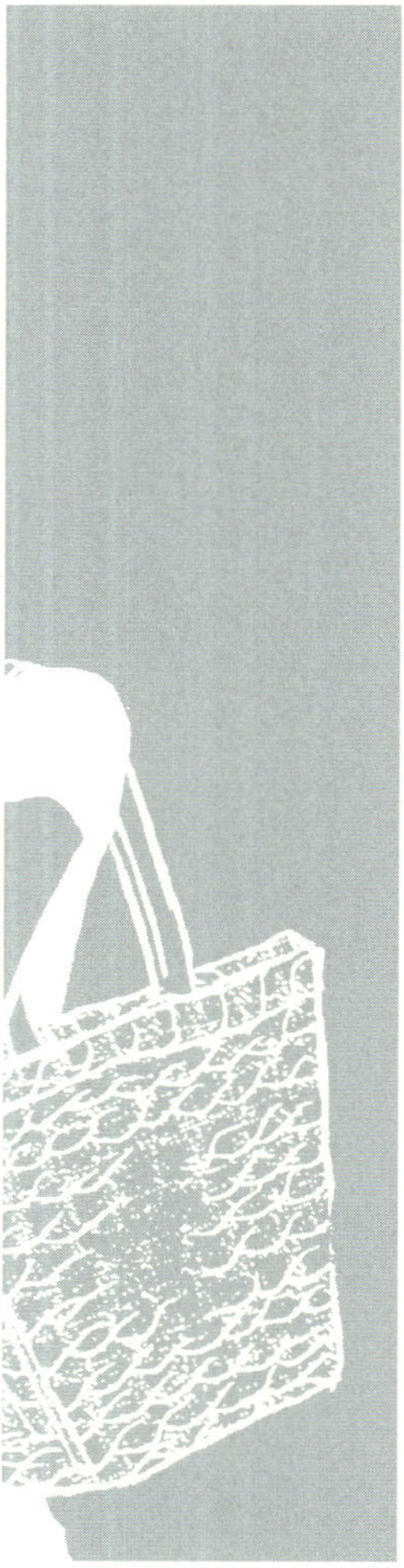

◉結果として…　結局彼は刑事事件として逮捕・勾留はされず、刑事罰として数十万円の罰金刑を受けただけでした。また仲裁中立においては約半年間の話し合いを経て双方が主張する金額の数十万円ずつ妥協して和解に至りました。仲裁では慰謝料などの請求の他に、私がDVを受けたこと、相手方は加害者であることを自覚して、今後改めてほしいということを主張しましたが、相手方は最後まで自分のDVを認めませんでした。今後彼が付き合う人の中で新たな被害者が出るかもしれないと、とても悔しい思いでした。

これらの経験から私は、警察も弁護士も取り扱ってくれないことがあるということに気づきました。それは、「自己責任」にあたることがらです。例えば彼に二股をかけられて傷ついた、というようなことは、「ばかだね～」と言われてすまされてしまうことのようです。それを知って私は初めて「自分を大切にする付き合い方」とか「自分で責任をとる」ことの意味と重要さを、遅ればせながら知りました。

傷からの癒しと回復

DVの傷からの回復には他の人の助けが必要な場合もあります。女性センターや民間のDV被害者支援団体[＊1]が、被害者へのエンパワメント（力をつけること）講座や自助グループを開いていますから相談してみましょう。そういうところで助けを得ると次の女性たちのようにいろいろなことがわかってくるでしょう。

E子さん…私は彼と別れたくない、彼を失いたくないとずっと思っていました。別れるのではなく、彼が変わってくれること、暴力をふるわなくなることを期待していたんです。でも私には彼を変えられませんでした。むしろ彼の暴力はエスカレートしていきました。彼は彼で何か他からの働きかけが必要だったのだと思います。

F子さん…私は自分が彼からされていることを暴力だと自覚できませんでした。それはなぜかとよく考えました。彼にしばられているといやだなあとは思うけど、愛されているからだと考えて安心してしまったからだと思います。命令されるとか、嫉妬されることは、愛されているから、かまってもらっているからだと錯覚してしまったんだと思います。気づくには、具体的なDV行動の例を知る必要がありました。私は付き合うようになった男性、愛しあっている男性から暴力なんてふるわれるわけがないと思っていたんです。だから彼が暴力をふるったとき自分のせいだと思ってしまいました。暴力は彼の怒りの表現だ

＊1　DV被害者支援団体の例
レジリエンス
e-mail：info@resilience.jp
URL：http://www.resilience.jp
Fax：03-3320-9080

と解釈してしまったんです。だから暴力がいけないということがちっともわからなかったんだと思います。

G子さん…彼の暴力はまちがっているけれど、私が彼に甘えすぎていたことも原因だと思います。何でも彼に決めてもらおうとしていました。私のそういう甘えが彼に「こいつは俺が守ってやらなきゃだめなんだ」と思わせ、その気持ちがエスカレートしてしまったのだと思います。それで私はそれ以来、付き合っている相手に甘えず、できるだけ対等な立場で付き合うことにしました。男性には「守らせてくれないつっぱった女」に見えたかもしれませんが、以来デートDVはなくなりました。

このように自分の身におこったことを客観的に見たり分析したりして理解することができるようになることが、心の傷の回復につながります。

もし友だちが暴力をふるわれていたら?

もしあなたの友だちの身にデートDVがおきていたら、次のようなことをしてサポートしてあげてください。

❶ 彼女の話を時間をかけてじっくり聞きましょう。

❷ 彼女の考え、気持ち、体験、立場を理解するよう努めましょう。彼女を責めたり、批評したりしないようにしましょう。

❸ 友だちが言うことを信じてあげましょう。そして「あなたを信じている」と言ってあげましょう。

❹ 「あなたの責任ではない」と何度も言ってあげましょう。

❺ 「あなたがそんな目にあっていいはずがない」と言ってあげましょう。

❻ 友だちから聞いた話を他の人に言わないようにしましょう。うわさが広まることで、友だちがもっと危険な目にあうかもしれません。

❼ 友だちがしたがらないことをさせようとしないようにしましょう。友だち自身が決めたことでない限りうまくいきません。

❽ サポートを広げるよう励ましましょう。例えば友だちが両親や先生や信頼できるおとなに話せるように支えてあげましょう。

❾ あなたが解決してあげようと思わないでください。考えやアドバイスを押し付けない

ことです。

❿ 第三者がいるところでは暴力はふるいにくいものです。無理のない範囲で彼女といっしょにいてあげましょう。

⓫ 友だちが手当てを必要としていないか気をつけましょう。

⓬ あなた自身がＤＶについて勉強して友だちに情報提供しましょう。

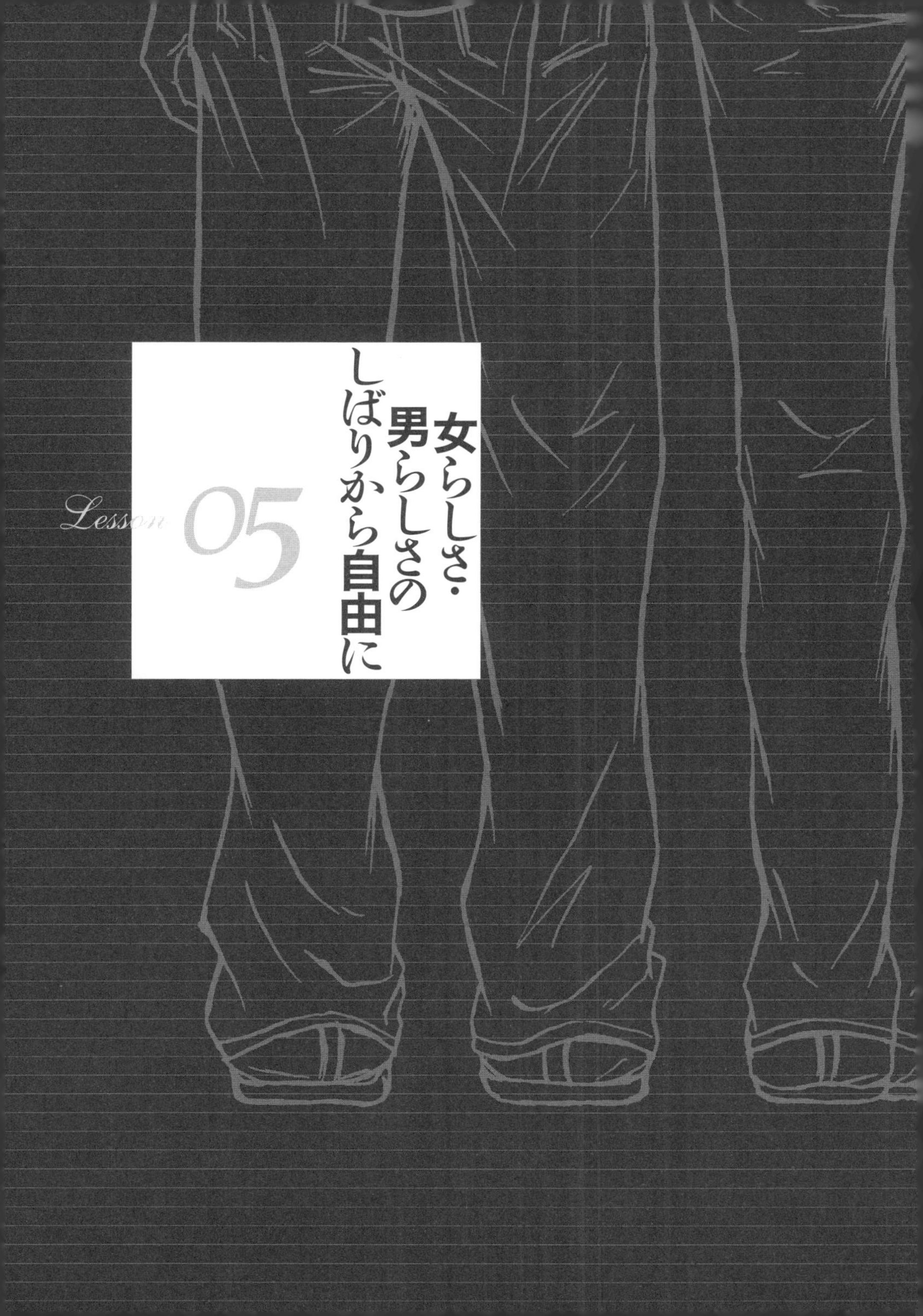

Lesson 05

女らしさ・男らしさのしばりから自由に

社会の中の暴力に気づこう

DVがおきる要因のひとつは、社会に暴力があふれていることです。毎日の生活の中にいかに暴力があふれているかに気づきましょう。皆さんが子どものころから読んでいる漫画にも、雑誌にも、映画にもテレビにも、ゲームにも暴力があふれています。暴力で問題解決していいという誤ったメッセージが社会に溢れていて、私たちはそれに慣れてしまっています。これはひどい暴力だと感じる感覚がマヒしているように思いませんか。自分がどこかで暴力を容認していないかふりかえってみましょう。そのために次の質問に答えてください。はい、の場合は□に✓点をつけてください。

□❶自分の家族の間での暴力を見たことがありますか。

□❷しつけのために親から体罰をされたことがありますか。

□❸学校で生徒同士がけんかして暴力をふるうのを見たことがありますか。

□❹学校で教師が生徒に体罰をするのを見たことがありますか。

□❺見ているテレビや映画に、暴力シーンがしょっちゅう出てくると思いますか。

□❻漫画やテレビドラマなどで、嫉妬や愛情表現・感情表現のために相手をたたくのを見たことがありますか。

□❼漫画やビデオなどの中にレイプを含めて性的暴力のシーンが多いと思いますか。

□❽漫画やビデオなどの中でレイプされる女の子の痛みはあまり描かれていないと思い

ますか。

□❾アダルトビデオなどの中のレイプをゲーム感覚でとらえている子が多いと思いますか。

□❿アダルトビデオのセックスシーンに暴力的なものが多いと思いますか。

□⓫テレビや映画の中で、暴力をつかって問題解決をするアクション・ヒーローをかっこいいと思いますか。あなたはそう思わなくてもそう思っている人が多いと思いますか。

□⓬けんかに強い男の子はまわりから一目おかれる存在だと思いますか。

□⓭今までに、したくないのに「男なら逃げずに闘え」と言われてけんかをしたことがありますか。そうする男の子がいると思いますか。

はい、がたくさんあったことと思います。これらのことから次のようなことが言えると思います。

❶暴力がおとなだけの問題ではないこと。

❷自分たちをとりまく環境の中で、暴力を目にすることがいかに多いかということ。

❸暴力は家庭にも、学校にもあること。

❹メディアが暴力をあおっていること。

❹男らしさが暴力容認につながっていること。

❺それらの暴力に自分たちがいかに慣らされてしまっているかということ。

❻だから暴力をふるわれる側の痛みを想像したり共感したりすることができにくいこと。

❼暴力がはびこる社会の影響を受け、若者たちもデート相手との間の問題解決に暴力を使いがちであること。

暴力を甘くみる風潮が社会に満ちているだけでなく、男の子たちが攻撃的、暴力的になるようあおるような風潮があります。攻撃的、暴力的で強くて、競争や戦いに打ち勝つのが男らしいことだというメッセージが社会にあふれています。自分がそれに影響されていないかじっくり考えてみてください。

親にたたかれた経験がある人は、その体験から次のようなまちがったことを学んでしまっているかもしれません。

❶人は愛する人を愛しているからこそたたくものだ。

❷男性は女性に対して暴力をふるってもかまわない。

❸親は子どもをたたいても仕方ない。

❹人との関わりにおいて暴力を使ってもかまわない。
❺その他の方法でほしいものが手に入らないときは暴力を使えばいい。
❻暴力をふるえば感情を発散し、問題を解決し、勝つことができる。
❼相手が悪い、まちがっていることを伝えるのに暴力を使ってもいい。

学んでしまったこれらのまちがいは、学び落とすことができます。そのためにはまず気づくことです。気づいたらそれを捨てることです。

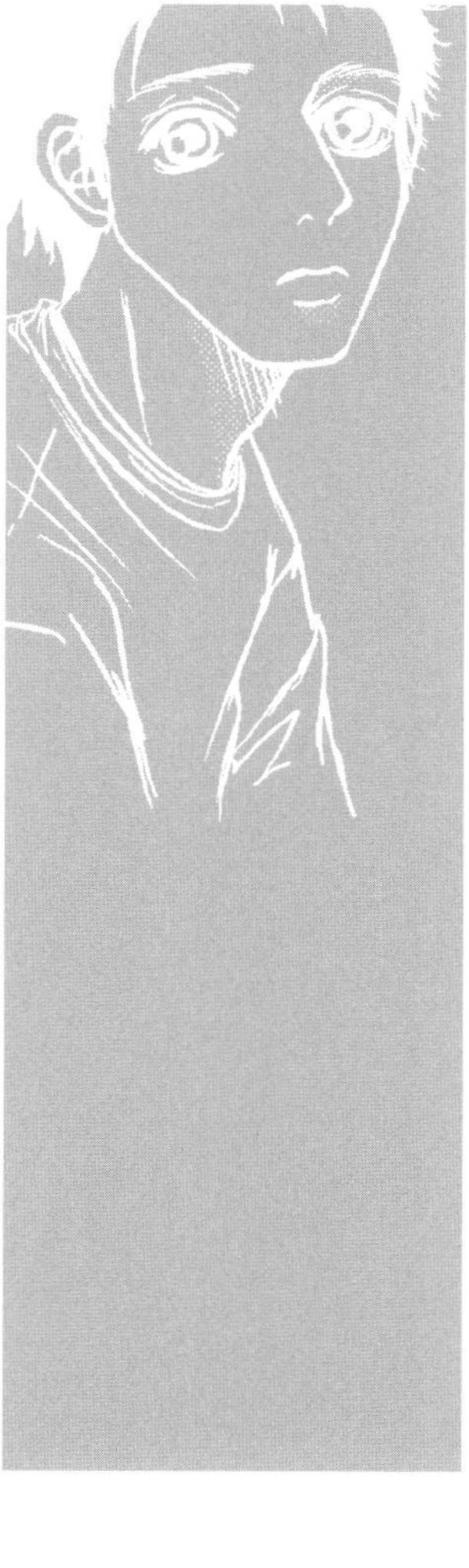

ジェンダー・バイアスってなに？

DVをおこす要因で重要なものの一つはジェンダー・バイアスです。「ジェンダー」とは、生物学的な性別を示す「セックス」に対し、社会や文化によって後から形成された性別を示す概念のことです。バイアスは偏見といった意味です。「ジェンダー」の中には差別につながるものがたくさんあり、社会の中で女性差別がなくならない要因になっています。ジェンダーを疑いもなく信じて無自覚に相手に押し付けると、DV行動につながりやすいということに気づきましょう。男女が親密な関係になったとき、男の子は女の子に対して守ってあげなくちゃ、頼られなくちゃ、強くなくちゃ、彼女をリードしなくちゃ、などと考えてしまいます。女の子は頼りたい、守られたい、甘えたい、そういうのが可愛い女なんだからそうならなくちゃ、なんて考えて行動してしまいます。

ジェンダーは「女らしさ」「男らしさ」とも言えますが、それはいったいどういうことだと思いますか。「女の子」「男の子」はそれぞれなにを期待されているか、どんなことが「女性」「男性」の特性だと一般的に言われているか考えてみてください。テレビ、映画、漫画、本、学校、家族、親戚、仲間、近所、その他さまざまなものや人や場面で見たこと、聞いたこと、言われたこと、させられることなどから思いおこしてください。

次のリストはそれらをまとめて男女を対比させたものです。対比するのはむずかしいけれど、どちらかといえばそうだというものや、対としての特性は見当たらないというものも含めました。

男らしさ	女らしさ
泣かない	泣く
強い	か弱い、やさしい
守る	守られる
活動的・行動的	おとなしい、受動的
リーダーシップ	従順、従う
仕事	家事・育児
経済力	経済力は求められない
家族の中心——戸主	夫・子どもを第一にする
弱音を吐かない	強がらない
理性的、感情を表さない	感情的、感情を表す
論理的	理屈を言わない
細かいことを気にしない	細かいことに気がつく
筋力強く	柔らかく
責任を持つ	責任を求められない
決断力	人の意見を聞く
主体的	まわりに合わせる
積極的	控えめ
出世する	出世は期待されない
力をもつ	力に従う
女より先に立つ	男を立てる
常に正しい	ばかで可愛いほうがいい
話さない——男は黙って……	おしゃべり
学歴高く	学歴はそこそこに
性に奔放	貞淑
闘争心	協調性
家を継ぐ、嫁をもらう	嫁に行く
度胸	愛嬌
潔い	寛容

ちょっと待って男らしさ・ちょっと待って女らしさはどれ?

いろいろ出ましたが、これらの中でDV行動につながってしまうような「男らしさ」、つまり「力と支配」につながりがちなものがあります。それらを「ちょっと待って男らしさ」と呼んでおきましょう。どれだと思いますか。

男は家長、弱音を吐かない、強い、家族を守る、勝つ、感情を表さない、正しい、主体的、出世、力をもつ、決断力、話さない、高学歴、闘争心、性に奔放、嫁をもらう、家を継ぐ……などでしょうか。

弱音を吐かない、感情を見せない、男は黙って…などという態度を男らしいと信じてふるまうと、傷ついてもそれを表現しないことで苦しくなります。苦しくなると、相手に対して「なんでわからないんだ」という怒りの気持ちをもちやすくなります。怒りはたまると爆発しやすくなります。怒りが爆発するときは暴力を伴いやすくなります。「強い」「主体的」「決断力」などは、性別に関係なく誰もがめざしたらいいようなすばらしい要素ですが、それらは一歩まちがえて自分中心になると相手に対する「力と支配」につながってしまう要素でもあります。この社会では、男性は好むと好まざるとに関わらず、力と支配を女性に対してもちやすいように育てられ、仕向けられることを自覚する必要があります。

多くの男性たちがこれらの「男らしさ」を「鎧《よろい》」として着込んでいると言えます。「男らしさの鎧」は「競争社会を生き抜くための鎧」でもあります。これをしっかり着込んでしまうと、力で相手を打ち負かし勝者になることを目指しがちで、息苦しくなります。男性たちは「男らしさの鎧」を脱いで、もっと楽に生きる必要があります。暴力をふるうということは、ほんとうは強さではなくて弱さを表すサインです。内面の不安やおそれ、自信や自尊心のなさ、混乱などを暴力で隠すのです。自分に自信がないから相手を自分の思い通りに動かそうとするのです。だから自分の弱さを認めることがたいせつです。弱いことを男らしくないとか、まちがっているとか、だめだとか思う必要はありません。自分の弱さを認めることこそ人間らしいことだと思いませんか。

一方「女らしさ」の中で、女性への差別につながり、相手に力と支配をもたせてしまうような要素を含んだものを「ちょっと待って女らしさ」と呼びましょう。それはどれだと思いますか。

か弱い、守られる、おとなしい、受動的、従順、従う、家事・育児（重要だがお金をもたらさない仕事）、経済力は求められない、夫・子どもを第一にする、強がらない、理屈を言わない、責任を求められない、まわりに合わせる、控えめ、男を立てる、ばかで可愛いほうがいい、学歴はそこそこに、貞淑、協調性、嫁に行く

たくさんありますね。これでは女性は、男性より劣った人、二級の人、男性の人生を支える役目の人、といったイメージではありませんか。実際、ＤＶ加害者男性の多くが、相手を人生のパートナーと捉えず、自分の人生を支えてくれる自分にとって都合のいい存在と考えてしまっています。対等な関係ではなく主従関係であることを求めてしまった人もいます。また女らしさをしっかり着込んでしまうと、男にとって都合のいい女になろうとして、ほんとうの自分らしさを見失いがちです。だから男性は得、なんて思ったら大まちがいです。こういう男女のあり方が、ＤＶを引きおこし、たいせつな関係を壊してしまうのですから。

かっこいい女らしさ、かっこいい男らしさってなに？

男らしさ・女らしさから、こんな特性をもてたらすてきだな思えるものを選んでみました。

強い、やさしい、(弱いものを)守る、活動的・行動的、リーダーシップ、仕事、家事・育児、経済力、家族を第一(大切)にする、理性的、感情を表す、理論的、責任を持つ、決断力、人の意見を聞く、主体的、積極的、協調性、度胸、愛嬌、寛容、潔い

選んでみると、どちらか一方の性にしか似合わない、もてない、なんてものはひとつもないように思います。これらはすべて、どちらの性にとっても好ましく思えます。人間として、女・男に関係なく、もてたらすばらしいと思えるような特性ばかりではありませんか。それらを男のもの・女のものなんて振りわけてしまうほうが無理だと思います。性の違いではなくて個人の違いをたいせつにするほうが、誰にとっても生きやすい世の中になると思いませんか。

ジェンダーに無意識・無自覚に従うのではなく、自分にとっていいジェンダー「かっこいい女らしさ」「かっこいい男らしさ」とはなにかを考えましょう。そして「ちょっと待って男らしさ」、「ちょっと待って女らしさ」の中でいらないもの、もっていたら自分が楽にな

れないし幸せに生きられない、相手を苦しめてしまうようなジェンダーはあきらめて捨てることにしましょう。それがデートDV防止のひとつの方法です。

ジェンダーに基づく偏見を最初からもっていない人はいません。偏見が強いか弱いかの違いがあるだけで、すべての人がもっています。残念ながら社会全体に、世界中にその偏見が満ちているからです。だからこそまず「自分はジェンダーに基づく偏見をもっている」と自覚することがたいへん重要です。そういう自覚をもってこそはじめて、自分もまわりの人たちもいかに偏見をもっているかということに気づくでしょう。そして自分もまわりの人も、その偏見を無自覚・無批判に信じたり、口にしたり、それに従って行動したりしているかに気がつくでしょう。そして社会に、人々の生活の隅々にそれらの偏見がさまざまな形で広がり、根付いていることに気づくでしょう。

だからまず「ジェンダー・バイアス・チェックのアンテナ」を張りましょう。しっかり張っているとジェンダー・バイアスのいろいろな言葉がひっかかってきます。例えば誰かが「男なんだからそんなことやれる(やれない)はずだろ!」とか「女のくせに生意気だ」なんて言うのが聞こえてくるでしょう。そのとき「なんだかいやだな、変だな」と感じたら、そう言った人やまわりの人に向かって、例えば「男だからといって行動を決めつけるのはおかしいよ」とか「なぜ女だと生意気なの？」いう具合に口にしてみましょう。回りの人たちも何か気づくかもしれません。さらに自分で自分をしばっている偏見に気づいて、行動することも大切です。女の人たちは「ちょっと待って女らしさ」を跳ね返す勇気を、男の人たちは「ちょっと待って男らしさ」にからめとられないように勇気をもって行動しましょう。

他人に対して行えば警察に捕まって、傷害罪で処罰される行為と同じような暴力行為でも家庭の中や、デート相手に対して行なわれる暴力行為は、長いこと問題にされませんでした。しかしDV行動は犯罪です。相手を心身ともに深く傷つける許されない行為です。

暴力はけっして問題解決の方法にはなりません。相手を自分と同じように尊重することで、はじめて人と対等で気持ちのいい関係が築けるのです。ですから相手を尊重することを学ばなければなりません。

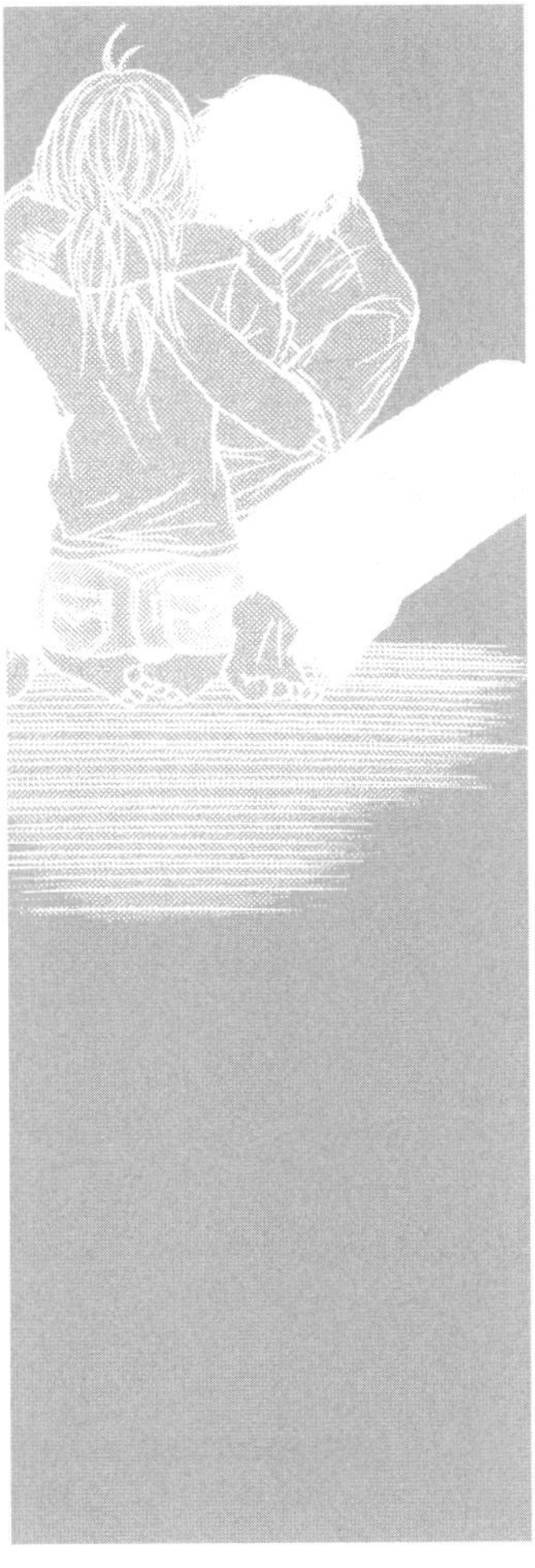

高校生の性暴力被害実態調査報告

（2004年）より抜粋
財団法人女性のためのアジア平和国民基金

◉**本調査における性暴力の定義**：性暴力（sexual assault）とは、被害者の意に反する性的言動・性的接触。脅迫や身体暴力の有無は問わない。親密な関係にある者も、加害者に含む
◉**調査地域**：東京および九州地域の高等学校12校
◉**調査方法**：無記名。自記式質問紙調査
◉**調査対象者**：高校生 2,346名（女子 1,463名、男子 883名）

高校生の性暴力被害率

Q1
◉あなたのからだについて、からかわれたり、いやらしいことを言われたことがありますか？

Q2
◉相手の裸や性器を、わざと見せられたことがありますか？

Q3
◉無理やり、からだを触られたり、抱きつかれたことがありますか？

Q4
◉無理やりセックスをされそうになったことがありますか？

Q5
◉無理やりセックスをされたことがありますか？

Q6
◉携帯電話や、出会い系サイト、インターネットで性的にいやな体験をしたことがありますか？

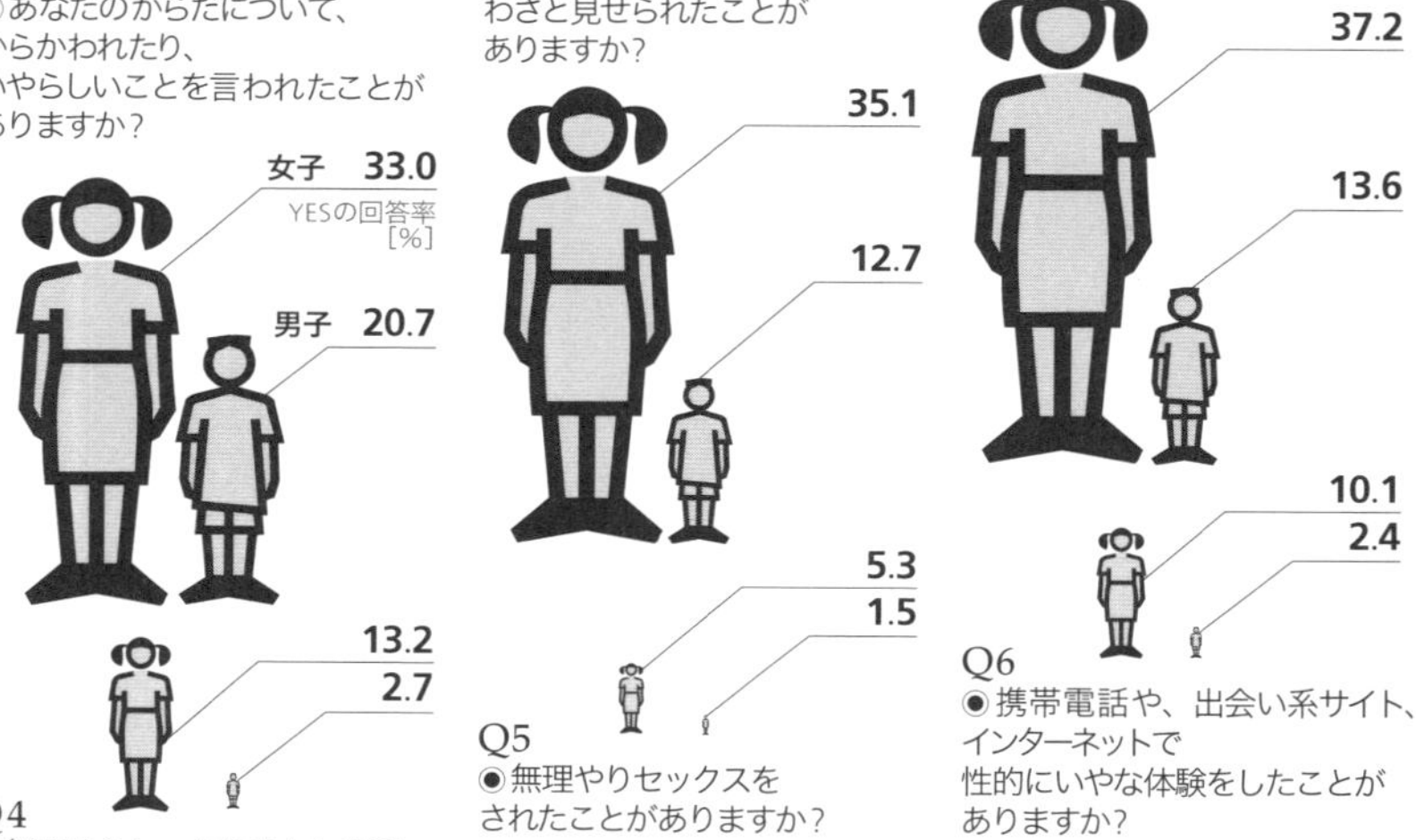

高校生の性暴力被害の特徴

◉女子の20人にひとりが、「無理やりセックスをされた」経験がある
（「無理やりセックスをされそうになった」未遂経験を含めると女子の5人にひとり）
◉女子の3人にひとり、男子の5人にひとりが、「言葉の暴力」を受けている
◉女性の約4割が、「性器や裸を見せられた」り、「からだを触られた」ことがある
◉男子の1〜2割が、何らかの性被害を受けている（レイプを除く）
◉「恋人」や「友人」から、「室内」でのセックスの強要がおきている

つまりデートレイプ、
親密な
関係における性暴力、
加害者には
「家族」や「教師」も……

高校生の声から

被害後の心身への影響

◉ショック、怒り、人間不信感・対人恐怖（「人が怖い」）
◉回避（「電車に乗りたくない」）
◉自責感（「自分を責めてしまう」）
◉孤独感（「誰にも相談できない」）

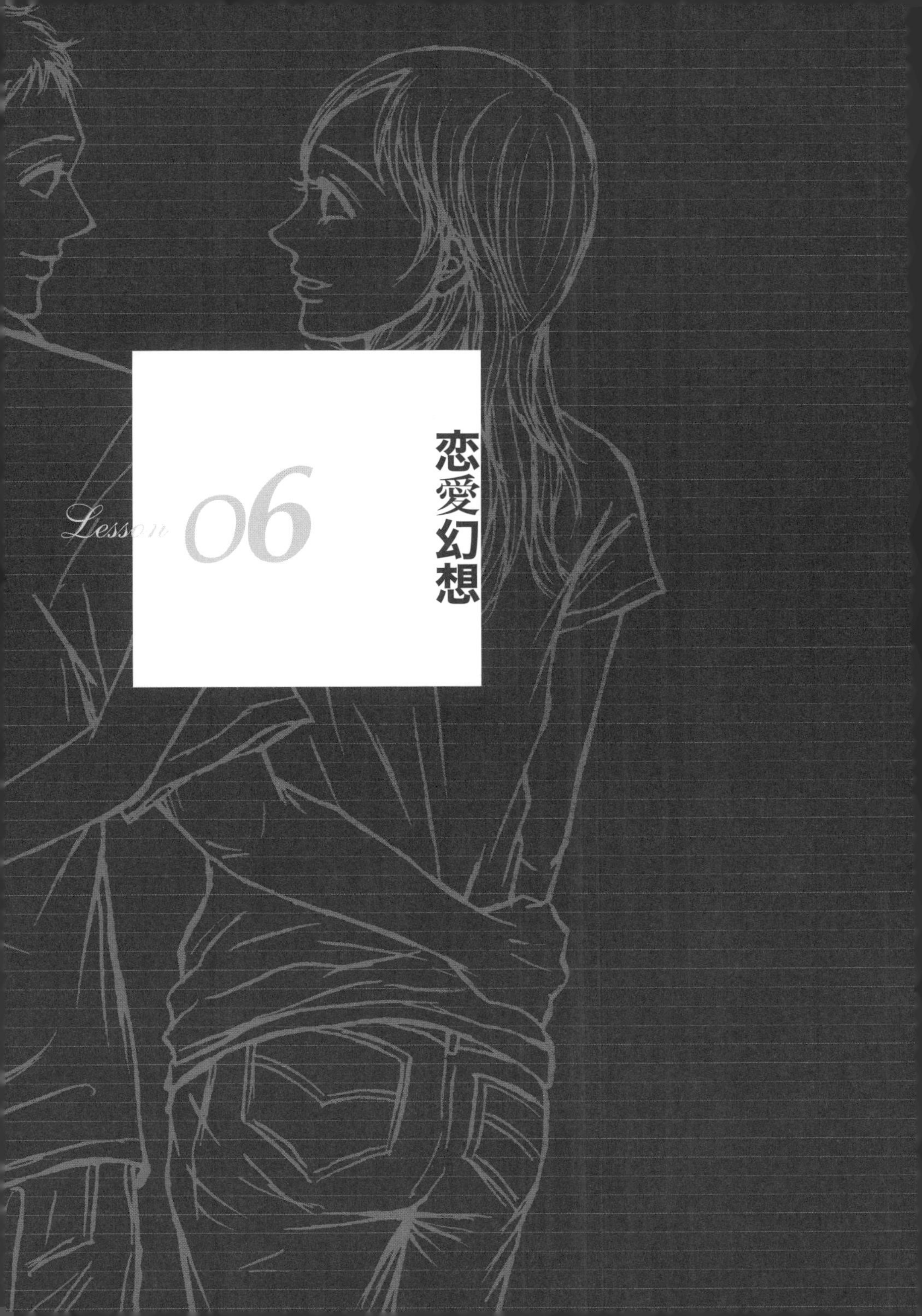
Lesson 06
恋愛幻想

「相手を変えてあげたい」という危険

あなたは恋愛幻想を抱いていませんか。デートDVがおきてしまう背景には恋愛幻想というものがありそうです。何が恋愛幻想なのか、高校の養護教諭の杉村直美さん[※2]の書かれたものをご紹介します。

◉

私は高校で養護教諭（通称「保健のおばちゃん」か「なみちゃん」）をしている杉村です。生徒と恋愛の話をしていると、「あっ、DV」と思うことがけっこうあります。でもこの関係、本人が気がつかないとなかなか変わりません。私だってもちろん、私の目の前にいる生徒はもちろん、この本を手にしているみなさんにも、「素敵な恋愛」をしてほしいと願っています。でも、「素敵な恋愛」って、けっこう「ない」のです。だからこそ、私も含めてみんな「素敵な恋愛したいなぁ」って思うんですよね。私が生徒と話していて、どんな考え方があぶないなぁって思っているか書いてみます。

◉

彼を変えてあげたい…恋人に、なぐられても、蹴られても、お金をとられても、行動をしばられても、「困ったな。なんとか変わってほしいな」とは思っても「別れよう」なんて思ったことはないっていう人、いませんか？「わたしがついててあげないと、あの人はだめになってしまう」って思っている人。これは、ちょっと危険です。たぶん、あなたたちは、恋人をよくしてあげたい、救ってあげたいって思っている。でも、その気持ちをようく考えると、そうすることによって、恋人に感謝され、愛される日がくるって期待している。「あんな子に付き合えるのは自分だけ」って、自分の優しさが気に入っている場合だってあるかも。「そんな子選んだの？」って周囲に思われたくなくて、自分のプライドのためだけに別れないのかもしれない。さみしがりで、「あの人をなくしたら、自分には誰もいなくなる」ってしがみつきたくなっている場合もあるかも。

でもね、人に人は変えられない。本人がある日「変わろう」って思わない限り。そして、その「変わろう」って気持ちは、恋人や家族の言葉や行動では、身近すぎてかえって難しいことが多いんだよね。恋人に対して、「救いたい」「なんとかしてあげたい」って気持ちをもった時は、別れて次の人を探すのがもっとも賢いと思うな。恋人と別れると、立候補者が一〇人寄ってくるってことわざがフランスにはあります。心配しないで。

それにね、二人より一人のほうが、「いいな」って思っている人とも友人とも、心おきなく付き合えて、楽しいこともいっぱいあるよ。彼、彼女がいなくちゃさみしいっていうのも「思いこみ」だったり「友人への見栄」だったりする場合もたくさんある。自分が楽で、ふつうに笑顔が出るような関係をどんな人とだったらつくれるか、いろいろチャレンジしてみよう！

彼女を変えてあげたい…　そうそう「変えてやる」「教えてあげる」ために、暴力を使っている人もいるかもしれません。これもあぶないです。もしかしたら彼女の態度が悪かったか

＊2　杉村直美
愛知県立安城高等学校(定時制)養護教諭。
愛知大学大学院博士課程。

長続きする恋愛は すばらしいって ほんとう?

もしれない。しゃべり方に腹が立ったかもしれない。だけど、だからといってなぐったり、蹴ったり、大声でどなったりしていいってわけではありません。自分だったらどうですか？　怖いからその場は、言うとおりにするかもしれないけど、気持ちの中では「あっかんべー」してるかもしれない。もしかしたら、あなたが思っている以上に、相手は怖くて怖くて身動きできなくなってしまうかもしれません。暴力を使わずに、話し合うって方法を、考えてみよう！　あなたも恋人もずっと笑顔でいるときが多くなるよ。

◉

私の毎日会っている生徒たちはみーんな恋愛の話が好き。みなさんもそうですか？「誰かが好き」ってなると、これまでの経験は無関係。彼、彼女の態度に喜んだり悲しんだり。苦しいけど、楽しいですよね。教員たちも恋愛の話が好き。「誰と好き合ってるんだ」「うまくいったか」って楽しそう。カップルができると今度は「ちゃんと続くかなぁ」と心配する。「すぐだめになるけどどうしたらいい?」は、私がよくうける相談です。

「いまどき」の若者も、恋愛には真剣なんだなって思う瞬間です。でも、ちょっと不安に思うことも。あなたたちにとって、恋愛って疑似結婚？　カップルになったとたんお互いだけに興味関心を注ぎ、いっしょに行動し、相手の誕生日やつきあいだした日などを記念日として祝うのが当然。ほかの人とデートはおろか、二人きりで談笑するだけでも非難をあびる。そして長続きさせることを目標とする。

でも、友人だって、最初は「合うな」って思っていても実は距離があったり、「なにこの人」って思っていたら、すごーく仲よくなったり。恋人だって同じこと。人は変わっていく。つきあいはじめと慣れた頃ではまったく態度が変わっちゃう人もいる。実は無理して合わせていただけってこともある。それに、人が二人以上集まると主導権争いが始まるのはよくある。相手に自分の意見をとりいれてほしいって気持ちのことです。これが原因でこじれることだってたくさんあります。もちろん、お互い話し合って、溝がうめられたらいいけれど、そうできない場合もある。特に、自分の意見を通すために暴力（身体的暴力はもちろん、言葉やセックスの無理強いとかいう暴力も含めて）がはじまったら、距離をおくのが一番。長続きするのはすばらしいかもしれないけど、長続きさせることを目標にするって、変じゃないかな？

◉

恋愛規範を伝える人々には要注意

「好きな相手のためなら、変われる／変えてあげたい」とか「長く続くのがいい」とか、そういうのを「恋愛規範」って呼べると思うのだけど、さて、この「恋愛規範」、私たちは誰から学んでいるのでしょうか……親？　友人？　先生？

生徒たちは、けっこう教員との雑談の中から、学習している気がします。教員も、恋愛話が大好きだし、それに教え好き。とくに男性教員は「男ってのはこういうものだ。だから、おまえたちこうするといいぞ」ってよく言ってるし、また、その教員を好きな生徒は本気にしちゃう。で……このアドバイスする教員が「マッチョ」だとちょっとやっかい。たとえば生徒が別れたと聞くと、女子生徒を「落伍者」扱いする。「飽き性なやつだ……」「そんなことじゃ結婚もできんぞ」など批判する。「でも、すぐなぐるもん」「だって浮気されとったんだよ」など理由をあげても「男を見る目がないおまえが悪い」「でも、独りはさみしいぞ」ならばまだ好意的な方。たいてい「なぐられる（浮気される）ようなことしたんじゃないのか」「おまえ、人の言うことときかんでなぁ」なんて非難される。「おまえが選んだんだろ、我慢しろ」と諭されることもある。心の中では、「男は攻撃的であたりまえ」「なぐるぐらいの男のほうが頼もしい」と思っているからこういう発言になる。もちろん、こうした考えの教員ばかりじゃないけれど、揺れやすい年頃の、とくに女の子はこうした一見「頼もしい」発言を、信用してしまうってことはありがちです。でも、教員だってまちがうことはあるし、それに時代も変わってきている。意見は意見として聞いて、でも、基本的にはみなさんの感じた気持ちを大切にしてほしいなぁと願っています。「恋人と別れる」っていうのも、人生では大切な体験だと思うなぁ。

◉

さて、いろいろ書いてきましたが、私がみなさんに願うこと。それは、できるだけたくさんの日々を笑ってすごし、「いい一日だったな」って眠ってほしいってことです。恋愛相手のことで、ふりまわされてほしくない。そして、自分の身におこっていることを話せる誰かを見つけておいてほしいです。人に話すとけっこう、今の自分が見えてくるから。自分の状態に気づくことさえできれば、問題は八割解決したのも同然です。いっぱい泣いて、いっぱい笑って、すてきな日々をすごしてください！

◉

杉村さんが言うように私たちのまわりを見回すと、歌やドラマや漫画などメディアによって振りまかれている「恋愛幻想」や「カップル幻想」がありそうですね。メディアだけでなく、身近な人たちからの「恋愛ってこうあるべき」とか「カップルはこうでなくちゃ」なんていう幻想や規範があなたの中にも植えつけられているかもしれません。ちょっと立ち止まって、ほんとうにこれでいいのか自分で考えて判断する必要がありそうですね。恋愛するのも誰かとカップルになるのもステキだけれど、いったい自分は何がしたいのか、どう生きたいのか、どうやって自立するのかを、もっと真剣に考えることを同時にしたほうがいいのではないでしょうか。

男女間の暴力に関する意識調査

（2003年）より抜粋
熊本県環境生活部

◉熊本県内の住民対象：2,500人を無作為抽出、アンケート調査
◉有効回答：女性 332人、男性 323人、計 655人

暴力的行為の既往 ★図❶

この2年間で配偶者や
恋人へ暴力行為を
したことがあるかという問いに、
次のように答えています。

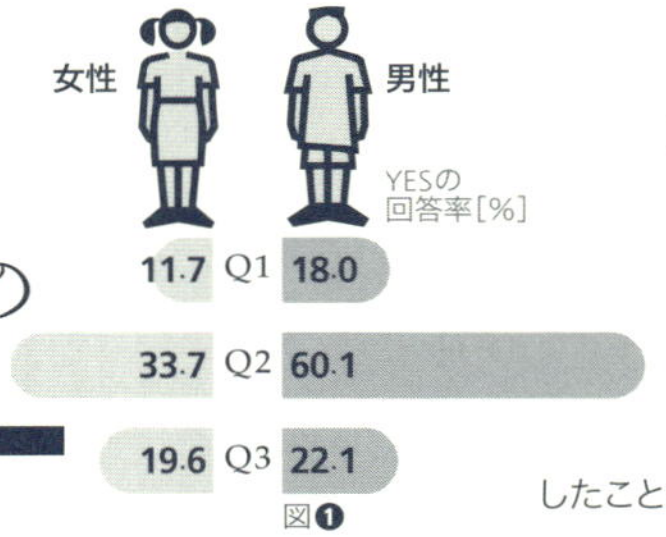

図❶

Q1
◉**からだへの暴力行為**
たたいたりしてケガをさせる、ケガしない程度にたたいたり
けったりする、突き飛ばしたり物を投げつけたりする、
のいずれかに該当

Q2
◉**言葉・態度での威嚇**
物を壊したり、なぐるふりをしておどす、大声でどなる、
言葉でののしる、のいずれかに該当

Q3
◉**無視**

いずれも男性のほうが、女性よりも高率にみられました。

暴力の認識 ★図❷

からだへの暴力行為をした人と
したことがない人では、
それが暴力だという認識に
違いがあるかどうかを
比較しました。
女性では認識に大きな差が
ありませんが、男性では、
したことがある人たちの認識は低いことが
わかります。

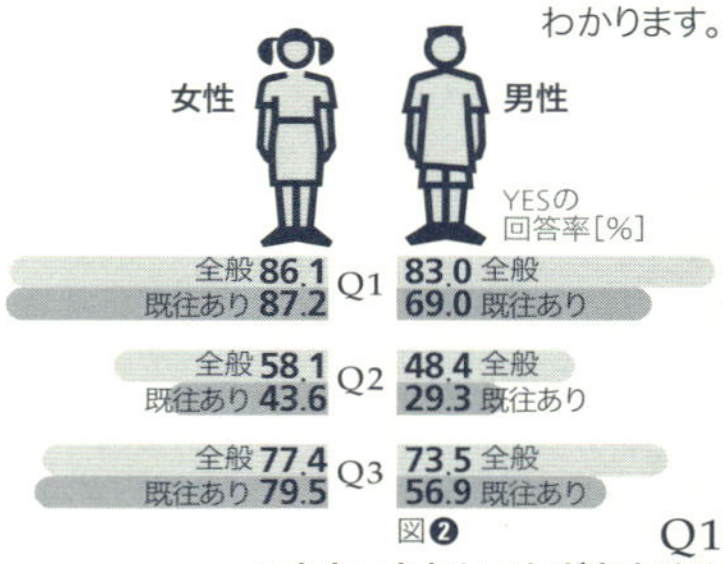

図❷

Q1
◉**たたいたりしてケガをさせる**
Q2
◉**けがしない程度にたたいたりけったりする**
Q3
◉**突き飛ばしたり、物を投げつけたりする**

からだへの暴力行為の背景状況

順位	女性	%	男性	%
1	相手が自分の言うことを聞かなかった	43.6	相手が自分の言うことを聞かなかった	46.6
2	**相手から暴力を受けた**	41.0	いらいらしていた	29.3
3	いらいらしていた	35.9	相手から言葉で責められた	27.6
4	相手からバカにされた	30.8	なんとなく相手に腹が立った	24.1
5	相手から言葉で攻められた	28.2	相手からバカにされた	22.4
6	何となく相手に腹が立った	28.2	**仕事など外でいやなことがあった**	19.0
7	疲れていた	12.8	**酒に酔っていた**	17.2
8	**将来に不安があった**	12.8	疲れていた	13.8
9	**相手が好きでたまらなかった**	12.8	**何となくゆううつだった**	10.3

◉項目のうち太字ものが、男女でそれぞれに高い数値を示したものです。

女性で特徴的なのは、「相手から暴力を受けた」という項目です。

（山口コメント：つまり反撃や自己防衛で暴力をふるったという場合が女性は多いということです。）

◉一方男性は「仕事など外でいやなことがあった」など
外でのゆううつを相手に「八つ当たり」していることがうかがわれます。

暴力行為と社会的性別役割意識

男性では、からだへの暴力行為を
したことがあるものは、したことがないものより、
「男らしさ」にこだわる傾向があり、
特に「たくましい」「指導力がある」「信念をもった」
「行動力がある」「自己主張ができる」項目の点数が
有意に高い結果を示しました。

Lesson 07

ほんとうの愛ってどんな愛？

相手が
その人らしく生きるのを
支える愛

ではほんとうの愛ってどんな愛なのか考えてみましょう。

ほんとうの愛というのは、相手が自分らしく生きるのを支える愛ではないでしょうか。つまり相手のその人らしさを認めて尊重することです。ではいったいどうすれば「その人らしさを認めて尊重する」ことになるのでしょうか。それは、相手の個性や感性をそのまま受け入れて認めることです。相手が自分とは違う考え方、生き方、価値観などをもっている人であるということを受け入れることです。それらが自分の期待に添わないものであっても、自分の価値基準でそれらを評価しないことです。まちがっているとか、劣っているという見方をしないことです。そして自分の考えを押し付けないで譲歩して歩み寄ることです。こういう努力を片方だけがするのではなく、お互いにし合うのです。相手が喜ぶことや相手を励まし支えることを、お互いに考えて行動できたら、ステキなカップルになれると思いませんか。

相手を尊重する態度・行動

相手を尊重する健康でいい関係をつくるためには次のようなことがらや態度・行動が必要ではないでしょうか。あなたの相手との関係は、次の項目に当てはまるかどうかチェックしてみましょう。そして何が足りないか、なぜ足りないかを考えることで、ふたりの関係性を変えてみましょう。

□❶ **正直で率直な気持ちのやりとり**… Iメッセージ（後述）で正直に率直にオープンに自分の気持ちを伝え合うことができる。

□❷ **関心**… 相手に興味や関心をもち、共感をもって相手を理解しようとする聞き方ができる。

□❸ **安全**… いっしょにいるときに安心して話したり、行動したりできる。

□❹ **信頼・サポート**… お互いが目的に向かっていくのを支援し合うことができる。

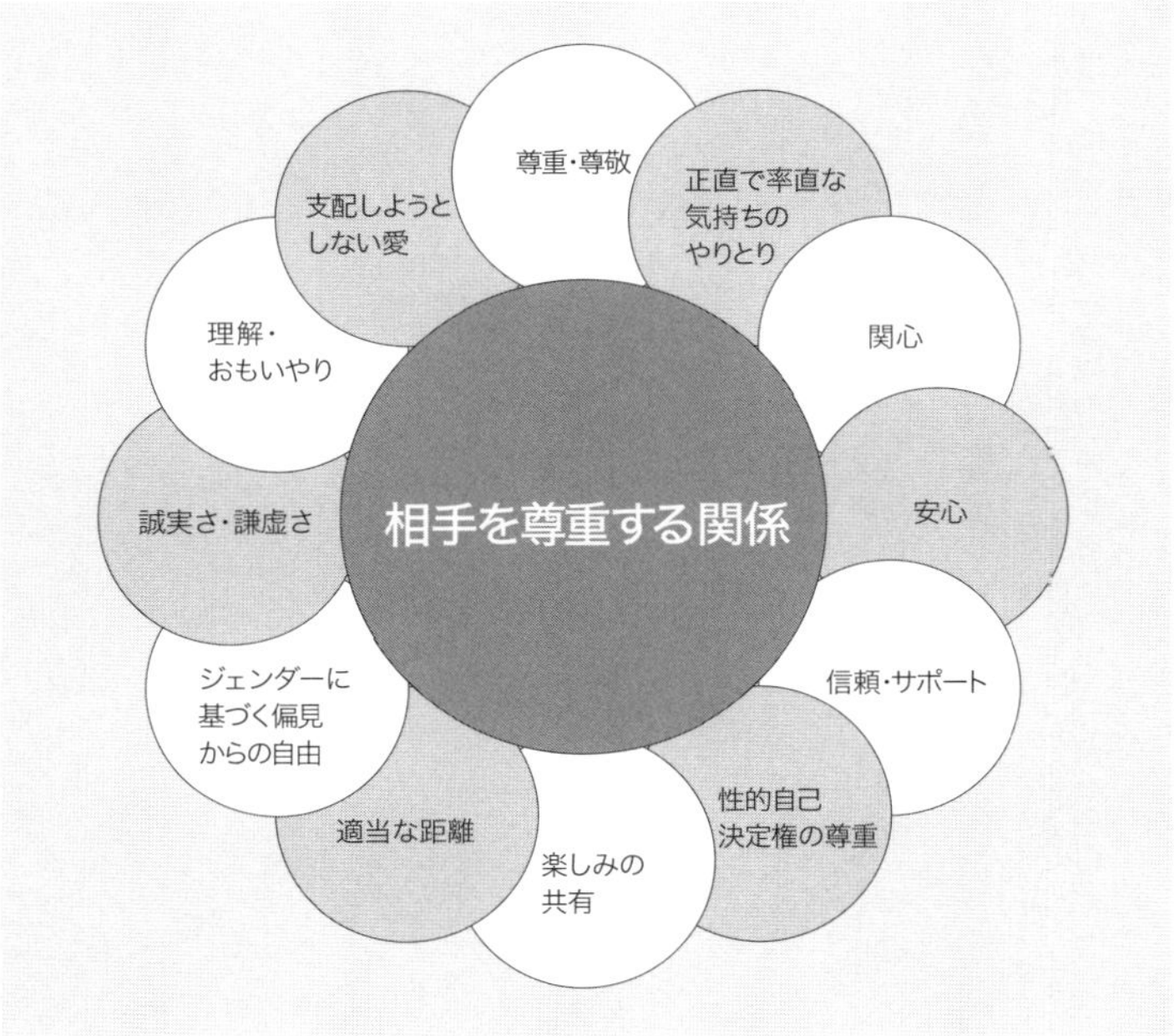

□❺**性的自己決定権の尊重**…セックスは合意でし、避妊の責任を負うことができる。

□❻**楽しみの共有**…いっしょに行動して楽しむことができる。

□❼**適当な距離**…いっしょにいることと独りでいることの適度なバランスをとることができる。

□❽**ジェンダーに基づく偏見からの自由**…社会的な男の特権を利用せず、女らしさ、男らしさを押し付けない。

□❾**誠実さ・謙虚さ**…自分の行動や感情に責任をもち、誤りを認めることができる。

□❿**理解・おもいやり**…相手の立場に立って、相手を理解しようとすることができる。

□⓫**支配しようとしない愛**…相手を支配することと愛情は違うことを知っている。

□⓬**尊重・尊敬**…自分とは違う相手の価値観・考え方を受け入れることができる。

相手を理解しようとする聞き方

相手と理解し合い、尊重し合う関係を築くためには、次のようなことを学ぶ必要があります。これらは年齢に関係なく、皆さんが豊かに健康で気持ちいい人間関係をつくるために不可欠なことです。

相手の話を聞くときは、相手が言いたいことをしっかり聞き出し、それに対する自分の理解が正しいかどうかを確かめることがたいせつです。ただ「聞く」のではなく身を入れて「聴く」態度です。コミュニケーションの流れをつかみ、お互いに気持ちのやりとりができるようにしましょう。自分を守ろうとしたり、正当化したり、お互いを傷つけ合うような論争をしたりすることは避けましょう。

そのための「こつ」がいくつかあります。ひとつでもいいから試してください。

❶ 自分の言いたいことに固執しない。相手の言いたがっていることに耳をかたむける。相手に共感をもって聞くこと。そのためには相手の立場に立って聞くようにすること。相手はただ自分の気持ちを聞いてもらいたいだけのときも多い。自分が問題解決してやろうとしたりしないこと。

❷ 相手が考えや感情を充分表わし、それに対する自分の理解がまちがっていないか確認するまでは、相手の言うことに耳をかたむけ、自分の言いたいことは控える。自分を正当

化したり、守ろうとしたりしないこと。

❸相手の話の内容をつかみ、繰り返すこと（ミラーリング）。そのとき相手の感情について理解したことを示すこと。例えば「君の言っていることは……ということだね」とか「君は……のことで腹が立ったんだね」と言う。

❹もっと聞き出そうとする（アクティブ・リスニング）。相手の言っていることをさらによく理解するために、相手からもっと情報を得ようとすること。例えば「聞いてるよ」「もっと話して」「それでどんな気持ちがした？」「例えば？」「それでどうなった？」「それでどうしたらいいと思う？」「それは君にとって大事なことのようだね」「よくわからないから、ほかの言い方をしてくれる？」などと言う。

率直でオープンな話し方

相手に的確な情報を与え、自分を最もよく理解してもらうためには率直でオープンな話し方がたいせつです。率直でオープンな話し方ができれば、コミュニケーションの流れをつかみ、相手がこちらに対して防御するような反応を避けることもできます。Iメッセージとあわせて率直な話し方をすることで、さらに効果が出ます。

次のような率直な話し方のこつを試してみましょう。

❶ 今のことを話す。過去のことを引きずり出して話さない。

❷ 簡単に要約して話す。同じことを繰り返したり、漫然と話したりしない。

❸ 自分ばかり話さない。交代して相手が自分と同じくらいの時間話すのを聞く。

❹ 今話題にしたいことだけに絞って話す。「いつも君は……なんだから!」とか「あなたは……したことがない」などと責める言い方をしない。

❺ 何をしてほしいかを言う。してもらっていないことをあげつらわない。

❻ 心の中のことを正直に言う。相手が気づいてくれることを期待しない。自分と相手に対して正直になること。

❼ 率直なことばや態度で話す。グチらない。ごまかさない。自分がまちがったときは認める。

❽ おもいやりをもつ。相手の言うことに、自分のことのように関心を示す。相手の痛い

ところや弱いところを突かない。古い傷や過去に触れない。

❾ 柔軟（フレキシブル）に対応すること。お互いに相手に求めていることを出し合って話し合い、譲り合うこと。

I［アイ］メッセージ

相手を攻撃しないで自分の気持ちをオープンにまっすぐ話すためのテクニックとして、「Iメッセージ」をおおいに使いましょう。「Iメッセージ」のI（アイ）は英語で「私・僕」のことです。Iメッセージとはなにかというと、自分の気持ちに焦点を合わせて、オープンに正直に思いを相手に伝える言い方です。反対に相手に焦点を合わせて、相手のことを言うのは「YOU（おまえ・君・あなた）メッセージ」です。実は普段のメッセージはこれが多く、相手を傷つけたり、怒らせたりしてしまいがちな言い方だということに気づきましょう。

「YOUメッセージ」の例

◉**場面**…デートの食事中に相手の携帯に電話がかかってきて、だいぶ長いこと話しています。あなたはいらいらしてきました。その気持ちを、「YOUメッセージ」で伝えると、次のようになりますが、どのように聞こえますか。

男の子：「なんで食事中に長電話なんかするんだよ！」
女の子：「だって大事な話なんだもの！」
男の子：「こっちは大事じゃないのかよ!?　この間もそうだっただろ！　もういい加減にしろよ！」

女の子：「なんでデートの食事中にいつまでも電話するのよ！」
男の子：「大事な話なんだよ!?　うるせえなあ！」
女の子：「いつだってそうなんだから。もういい加減にしてよ！」

「YOUメッセージ」は、相手にとっては、批判されたり、責めたり、攻撃されたりするように聞こえます。けんかのもとになりやすい言い方ですから避けましょう。

一方あなたの気持ちを「Iメッセージ」で言うと、次のようにまったく違った響きになります。

「Iメッセージ」の例
男の子：「食事中に長い電話をされると、気分が悪くなってしまうよ。僕のことはどうもいいと思われているように感じちゃうよ」
女の子：「ああ、ごめんね。でも大事な話なのよ」
男の子：「僕のことも大事に思ってほしいよ。いっしょにゆっくりごはんを食べたいから、食べ終わったらかけ直すって言ってくれない？」
女の子：「うん、わかった」

「Iメッセージ」で言うと相手を責めないで、自分の気持ちだけを伝えることができるのです。次の練習をしてみてください。

練習1 次の美紀さんの❶、❷、❸のメッセージから、「Iメッセージ」を選んでください。美紀さんはどうしても寄りたいところがあって急いでいます。卓也さんは、美紀さんといっしょに帰ろうとして声をかけます。

卓也：「お～い、美紀、いっしょに帰ろうぜ。あと一〇分待ってくれ」
美紀：「え～……」
卓也：「何だよ、一〇分くらいいいだろ？」
美紀：❶「えっ、ああ、いいよ。じゃあ待ってる」
美紀：❷「いっしょに帰りたいところだけど、どうしても寄りたいところがあって急いでいるんだ。ごめん、また今度ね」
美紀：❸「そんな！　勝手なこと言わないでよ。私は急いでいるのよ」

練習2　「　」の中に、「Iメッセージ」をつくってみましょう。

❶ **女の子：**「前の彼氏はこんなときには必ず私の言う通りにしてくれたよ」

男の子：「　　　　　　　　　　　　　　　　　　　　　　　」

❷ **男の子：**「エッチしたっていいだろ？　え、今日はだめ?!　この間はOKだったくせに。僕のことがきらいになったのかよ？」

女の子：「　　　　　　　　　　　　　　　　　　　　　　　」

練習3　次のふたりの会話を「Iメッセージ」に変えてください。さらにどちらかの言い分だけが通るような解決方法ではなく、どちらも歩み寄った解決方法を探してください。

卓也：「おい、映画の前売り券買っといたか。もう売り出してるぞ」

美紀：「まだ買ってないよ。今週ずっと忙しかったから」

卓也：「この間買っとけと言っただろ。なんで買ってないんだよ！　もう前売りが終わってしまうぞ」

美紀：「だったら自分でさっさと買ってくりゃいいでしょ。人をあてにしないで。いつも私に頼むんだから」

卓也：「俺はそんな時間がねえんだよ。それでも俺に買えっていうのかよ！」

怒りのコントロール

怒りは自然な感情のひとつです。傷ついた心の痛みが怒りになります。怒りそのものが問題ではありません。怒りを暴力という形で表現することが問題なのです。自分の怒りを上手にコントロールして対処しましょう。相手を攻撃したり非難したりしないで、建設的に怒りを処理する方法があります。そのためにはまず自分の怒りの感情をいち早く察知できるようになりましょう。

怒ったときのからだの合図…　怒りの感情がわきおこったとき、自分のからだがどう反応するか、からだの合図に注目してみましょう。その合図はあなたのからだの中でおきるかもしれないし、態度や行動となって表われるかもしれません。自分のからだの合図を知ることは、自分の行動を自分でコントロールするための第一歩です。

◉**からだの中の合図**…　心拍数が増す、耳が熱くなる、呼吸数が増す、からだ全体が熱くなる、胃のあたりがキュッとする、など。

◉**態度・行動の合図**…　腕組みする、きつい目つきになる、声が大きくなる、歩き廻る、指でテーブルなどをたたいて音をたてる、ジェスチャーが大きくなる、こぶしをにぎる、足を小刻みにゆする(貧乏ゆすり)、など。

怒りをもたらす考え…　怒りをもたらす考えは、いつも他の人や状況に集中した考えです。

それはたいてい否定的・批判的な考えで、自分以外の人や状況に目を向けさせ、怒りをもたらします。

◉**例1**…あいつは自分が何を言ってるのかわかってんのか!

◉**例2**…あの返事の仕方はなによ!、むかつく!

◉**例3**…僕のことをバカにするな!

◉**例4**…なんで私の気持ちがわからないの!

◉**例5**…なによ!なんでこんなに混んでいるのよ!

練習1 あなたの「怒りをもたらす考え」にはどんなものがありますか? 例をあげてください。

練習2 「怒りをもたらす考え」をもったとき、あなたはどうなりましたか。そのときの気持ちを思い出してください。

人は状況やものによって怒りの感情がおこるのではなく、それらに対する自分の考えで怒りを感じるものです。言い換えれば、考えるように感じるということです。怒った考えが怒った感情を誘発するということです。ですから怒りの合図に気づいたり、自分が怒った考えをもち始めたことに気づいたら、それをやめて次のような前向きな自分への語りかけをしましょう。

前向きな自分への語りかけ…前向きな自分への語りかけとは、肯定的で前向きなことを、自分に集中して考え、声に出して自分に語りかけることです。怒りがわきおこってきて、からだの合図を感じたり、怒りをもたらす考えをもち始めたりしたら、前向きな自分への語りかけをすることで、自分を落ち着かせましょう。

「前向きな自分への語りかけ」の例

◉**例1**…この場で自分が正しいことを証明する必要なんてない。

◉**例2**…怒るか落ち着くかは自分次第だ。

◉**例3**…人と競争したり常に強くある必要なんてない。不安に感じたり混乱したっていい。

◉**例4**…人や状況をコントロールすることなんてできない。自分に責任があることは、どういう態度をとり、どう自分を表現するかということだけだ。

◉**例5**…ときには不安を抱いたり、わからないことがあってもいいのだ。すべての人やことがらをコントロールする必要はない。

◉例6… 人から批判されても僕はだいじょうぶだ。完全である必要はない。

◉例7… この人が怒りたければ怒ればいい。この人の問題だ。この人の怒りや、攻撃に自分が反応したり、おどかされたりする必要はない。

◉例8… 争いの原因は、たいていばかばかしくて、どうってことないことだ。古い傷や感情が刺激されて怒りが湧きおこってくるだけだ。口論の場から立ち去ってもかまわない。

◉例9… 人から愛され、認められることは気持ちのいいことだ。でも、それなしでも自分を受け入れ、自分を好きでいられる。まちがいは誰でもする。まちがってもいいんだ。

◉例10… 人はその人がしたいように行動する。自分がその人にしてほしいようには人は行動しない。

練習1 例の中で、自分にぴたっとくるのはどれですか。

練習2 前向きな自分への語りかけの文をつくってみましょう。

タイムアウト… タイムアウトは暴力を避けるための特効薬です。次のような順序でタイムアウトをとってください。

❶ 怒ったときのからだの合図を感じたら、相手にひとこと「タイムアウトをとるよ」と言いましょう。慣れないうちは早めにとりましょう。またひとことでも言うと怒りが爆発しそうだったら、何も言わず両手でTサインをつくって相手に知らせましょう。そのためには、前もって相手にタイムアウトのことを説明しておく必要があります。

❷ その場を離れて、一時間をめどに気持ちを静める努力をしましょう。散歩、運動、走るなどからだを使うことや反復動作が効果的です。

❸ 怒りをもたらす考えをやめて、前向きな自分への語りかけをいっぱいして、冷静になりましょう。

❹ 冷静になれたら相手のところに戻り、必要だったら話しましょう。
相手があなたの話を聞こうとしないかもしれません。その場合は話すのをやめて、相手が落ち着いているまたの機会にしましょう。

❺ 話すときは、Iメッセージで何に腹がたったのか、なぜ怒りがこみ上げたのか話しましょう。そして必ず相手の言うことにも耳を傾けましょう。

「Iメッセージ」の例

◉例1… 君が「どうしてそんなこともできないの！」と言ったとき、バカにされたような気がして傷ついたんだ。

◉例2… 自分のことを無視されたように思ったのよ。そう思ったらむしょうに悲しくて腹が立っちゃって。

◉例3… 責められているように感じてつらかったのよ。

◉例4… 僕の言うことをちゃんと聞いてもらってないように思ったんだ。だから頭を冷やしてきたよ。今から僕の言うことを冷静に聞いてくれるかい。君の話も充分聞くから。

相手を理解しようとする聞き方、率直でオープンな話し方、Iメッセージそしてタイムアウトなどをひとつでも使ってみて、自分のものにしてください。そしてお互いに成長しあえ、幸せな気持ちでいられる、安全で健康な人間関係づくりをめざしてください。

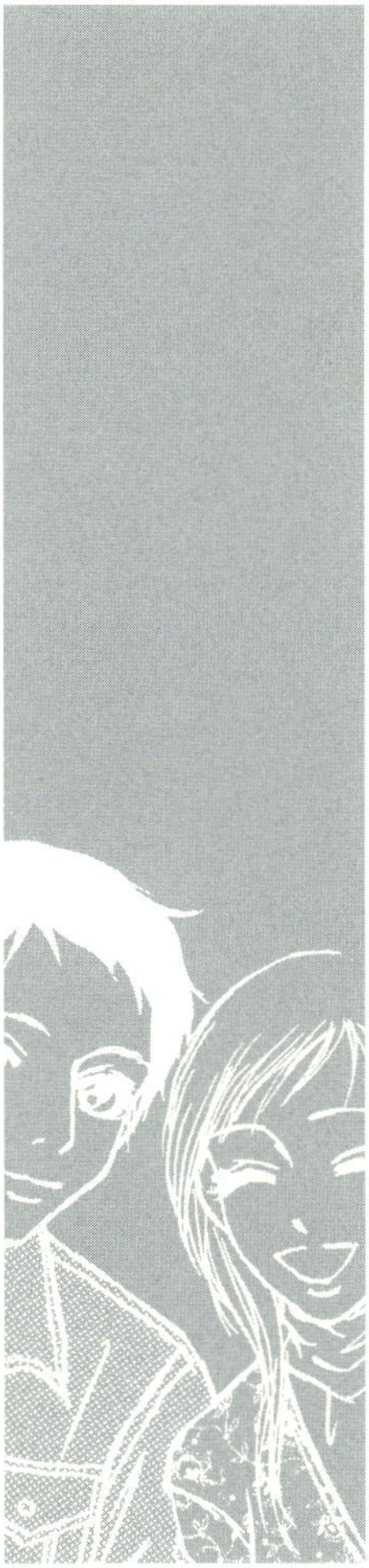

DVに関する意識調査

（2004年）より抜粋
岡山県「人間と性」教育研究協議会
長安めぐみさんによる調査

◉**調査の目的**：高校生の「デートDV」に関する意識と実態を調査する
◉**調査対象**：岡山県内の高校生385名
（女子229名、男子156名）

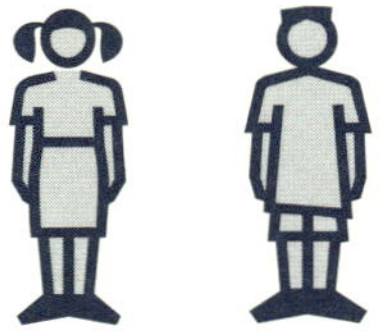

◉親密な交際関係のなかで、許されると思うもの

		女子%	人	男子%	人
イ	冗談で、相手を軽くこづいたり、けったりする	**72.0**	165	**62.0**	97
ロ	勝手に相手の携帯の着信履歴や交友関係をチェックをする	**3.0**	7	**3.0**	5
ハ	自分の意見や都合に合わないからといって、イライラをぶつけたり怒ったりする	**10.0**	23	**9.0**	14
ニ	相手が望んでいないときに、セックスを強要する	**2.0**	4	**1.0**	2
ホ	腹が立ったときに相手をなぐるふりをする	**15.0**	34	**10.0**	16
ヘ	腹を立てたとき、相手の目の前で物を投げたり壊したりする	**2.0**	5	**3.0**	4
ト	腹を立てたとき、相手のからだをつかんだり、たたいたり、なぐったりする	**2.0**	4	**1.0**	1
チ	腹を立てたとき、相手に向かって大声でどなる	**14.0**	31	**14.0**	22
リ	腹を立てたとき、すぐに別れ話を持ち出す	**4.0**	10	**3.0**	4
ヌ	腹を立てたとき、長い期間、相手を無視する	**10.0**	7	**7.0**	4

◉**ヌ**は追加項目につき、128名のみで実施

◉山口コメント：**ハ**、**ホ**、**チ**、を「許される行為」と考える生徒がかなりいますが、これらはDV行動だということに注目しましょう。

◉次の考えについて、同意できるもの

		女子%	人	男子%	人
イ	たたいたり、なぐったりするのは確かに暴力だが、言葉で言うだけなら暴力にはならない	**1.0**	3	**3.0**	4
ロ	付き合い始めたら、いつでも男性が女性をリードしなければ格好が悪い	**12.0**	27	**17.0**	26
ハ	男性にセックスを求められたら、女性側は愛情があるならいやでも応じるべきだ	**2.0**	4	**3.0**	4
ニ	たとえ暴力をふるったとしても、ちゃんと謝ったなら、許してあげるべきだ	**28.0**	63	**29.0**	46
ホ	相手が、自分以外の人との付き合いで忙しいのは我慢できないと思う	**19.0**	44	**14.0**	22
ヘ	相手が口で言ってもわからないなら、相手がいやがるような行動でわからせようとしても仕方がない	**11.0**	26	**8.0**	12
ト	付き合っているのだから、相手がいやがることでも無理にさせてもよい	**0**	0	**0**	0

◉山口コメント：**ロ**は「男らしさ」の刷り込みが男女ともにある、特に男子に強いということが表れています。**ニ**は暴力容認につながりはしないでしょうか。許さないほうがいい場合もあるでしょう。またもし2回目がおきたら、そのときはけっして許さない、別れるしかないことをはっきり言いましょう。
ヘはこれこそ暴力を容認する意識です。あくまでも言葉で、率直にオープンに伝える方法を学びましょう。

◉次のことがらで正しいと思うこと

		女子%	人	男子%	人
イ	DVは高校生にはおこりえない	**3.0**	8	**6.0**	10
ロ	彼に暴力をふるわれる女性は少ない	**16.0**	37	**24.0**	37
ハ	一度セックスをすると、彼女は自分のものだと思ってよい	**2.0**	4	**4.0**	6
ニ	暴力をふるうのは、本当は相手が好きではないからだ	**20.0**	45	**16.0**	37
ホ	暴力をふるわれる理由は女性にある	**3.0**	7	**3.0**	5
ヘ	うんと親しくなれば、女性がいやがっても男性が強くセックスを求めるのは仕方がない	**11.0**	25	**19.0**	29
ト	どうしてもセックスがいやなら、避けられるはずだ	**65.0**	149	**56.0**	88
チ	女性の方から避妊を言い出したら嫌われるから、言わない方がよい	**0**	1	**2.0**	3

◉山口コメント：**ヘ**もまちがった思い込みです。19％の男子はこのまちがいに気づかず、好きになった相手に性的暴力（レイプ）をしてしまい、深く傷つけてしまいます。**ト**もまちがった思い込みです。デートDVがおきていれば、女の子はセックスをしたくなくてもなかなかNOと言えません。

アウェアの加害者向けプログラム

プログラムの特徴と対象

最後にアウェアのＤＶ行動変革プログラムについてご紹介します。アウェアはＤＶ加害者向けの再教育プログラムを、二〇〇二年四月より実施しています。プログラムは毎週土曜日の夜か日曜日の昼間二時間で、一年かけて行ないます。プログラムはグループで行ないます。現在三つのグループがあり、二〇人ほどの男性が「気づき」を重ね、暴力を克服する努力をしています。アウェアは高校や大学などで若者向けデートＤＶ防止プログラムも実施しています。

アウェアのＤＶ行動変革プログラム

◉治療ではありません。◉カウンセリングでもありません。
◉自分のＤＶ行動を認識し、やめるための心理的・教育的プログラムです。
◉長い時間かけて行ないます。（約一年間、毎週一回二時間ずつ）
◉米国カリフォルニア州認定のプログラムを応用しています。
◉女性ファシリテーター（プログラムの実施者）が女性やＤＶ被害者の代弁をします。

プログラムの対象

◉ＤＶの問題を抱えている男性で❶精神疾患ではない人、❷アルコール依存症や薬物依存症ではない人　◉ファシリテーターからパートナーである被害者女性に連絡をとることを了承する人（目的は女性の安全確認と支援です）。

DV行動を認識するための心理的・教育的プログラム

加害者男性のほとんどがジェンダー・バイアス（社会的につくられた性差に基づく偏見）をもっており、それがDV行動の大きな要因になっていますから、ジェンダー・バイアスを学び落とすことが不可欠です。そのため女性のファシリテーターが入ることが必要です。そしてDV行動は「犯罪」で、「相手に対する力と支配をもつため」に、手段として「自分が選択した行為である」こと、「相手に大きな傷や苦痛を与えてしまった」ことに気づくことが重要です。また男性たちが「暴力ではない他の方法を選べる」よう、自分自身のほんとうの感情を見つめ、相手を尊重するコミュニケーションの方法を学びます。

プログラムでは表❶のようにさまざまなことを学んで話し合います。

表❶

- ◉DVは犯罪であること
- ◉暴力は自分の選択であること
- ◉DVは力と支配であること
- ◉身体的暴力だけが暴力でないこと
- ◉暴力の種類
- ◉怒ったときのからだの合図
- ◉ストレスをもたらす考え
- ◉タイムアウト
- ◉怒りのサイクル
- ◉感情的暴力
- ◉参加者ひとりひとりのケース・スタディ
- ◉刷り込まれた男らしさ・女らしさ
- ◉怒りのコントロール
- ◉性的暴力
- ◉暴力が相手に与える大きなダメージ
- ◉相手の気持ちや痛み
- ◉女性が留まる理由
- ◉被害者から直接体験談を聞く
- ◉子どもへの影響
- ◉感情の種類
- ◉感情の発見
- ◉生育歴の中の暴力
- ◉父親との関係
- ◉社会の中の暴力
- ◉率直な話し方
- ◉相手を理解しようとする聞き方
- ◉I［アイ］メッセージ
- ◉共感
- ◉ストレス管理
- ◉問題解決の仕方
- ◉相手を尊重する関係とは
- ◉暴力のない子育て
- ◉親密さとは
- ◉去って行く彼女を受け入れる
- ◉セルフ・コントロール・プラン
- ◉暴力をふるう他の男性へのサポート　など

気づけない男性たち

参加者の年齢は二〇代から六〇代、職業は公務員、会社員、自営業とさまざまです。参加者は仕事をもって普通に暮らしている人ばかりです。DV男性というのは、実はこういった人が多いのです。

彼らは自分のしていることになかなか気づけず、相手を深く傷つけてしまいました。そして女性が覚悟して家を出て行くとか、離婚を突きつけるなどはっきりと行動をおこしたことで、ショックを受けて追いつめられ、助けを求めてアウェアに来ました。DVは「力と支配」です。相手に対して力をもち、自分の思い通りに動かそうとすることです。ですからその相手に逃げられたら苦しみます。逃げ出した妻に拒絶されたという思いから、途方もない喪失感や絶望感や怒りを抱きます。中には妻やその支援者を殺してしまうような人さえいます。そういう男性たちは、法的強制力なしでは、けっしてプログラムを受けに来ません。

なぜ彼らは気づけないのでしょうか。参加者のXさんは、働く妻から家事分担を要求され、ショックを受けました。なんとか家事をするのですが、「やらされている」と感じるので、イライラしながらやっていました。ついこぼした愚痴や文句に対して、妻が言い返すようになると、理屈では勝てないXさんは暴力をふるってしまいます。ある日些細なことがきっかけで、Xさんは妻に、平手打ちする、足蹴にする、髪の毛を掴んで冷蔵庫に頭をたたきつけるなど、徹底的に暴力をふるってしまいます。

　Yさんはいざ結婚してみると、思い込んでいた理想と現実はちがうことに気づきます。そこでYさんは、思い通りにいかない不満を物にあたりました。家にあるリモコンでまともなものはひとつもありません。全部Yさんが投げつけて壊してしまったのです。そしてふすまを蹴ったり、テーブルをひっくり返したり、「おまえなんかダメだ!」と言葉で妻を責めたりしました。性行為を強要するという性的暴力もしました。何か気に入らないことがあると、働く妻を「おまえが仕事をしているからだ」と責めました。

　XさんもYさんも、常識ややさしさをもった、働く普通の男性です。そんな彼らが妻に暴力をふるってしまったのは、個人の責任はもちろんありますが、「男が妻を思い通りにできなくてどうする」とか「家長は男だ」とか「女なんかに負けられない」とか「女は働く男を支えるものだ」とか「女は従順に」といった、「男らしさ」「女らしさ」の根深い偏見をもっているからです。そして問題解決に暴力をつかってもいいという「暴力容認」の社会の風潮が、彼らに影響を与えているからです。

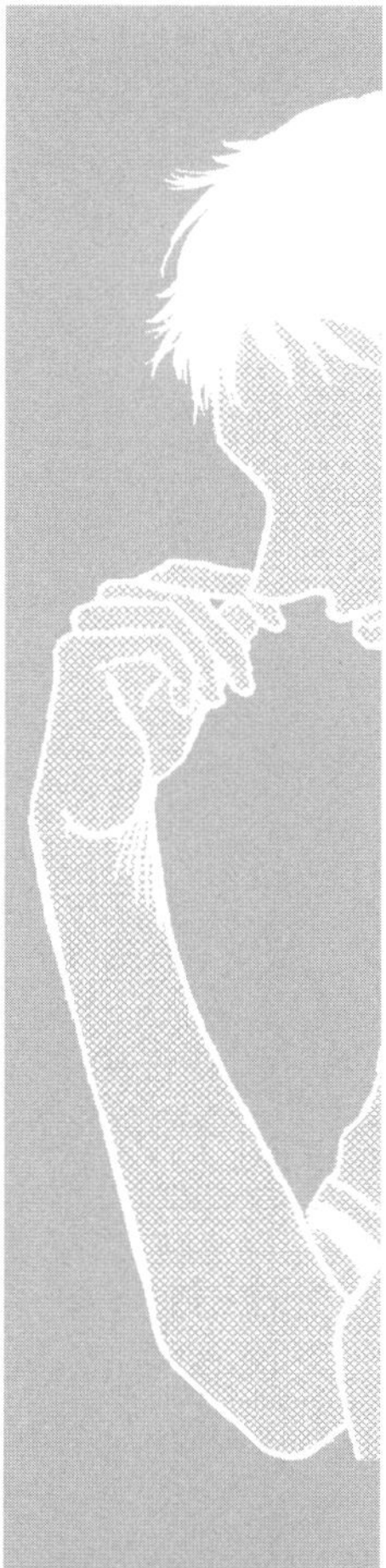

「男らしさ」のしばりに気づく

グループでは、男性たちは自分の体験や痛み、苦しみを話すことで、だんだんお互いに心を開いて助け合うようになります。ほかの人の話を聞きながら、自分に置き換えて考えることもできるようになります。それらを通じて自らのDV行動や怒り、自分自身、相手の立場や痛みなど、さまざまなことにアウェア(aware 気づくこと)を積み重ねます。そういう作業を通してはじめて自分を変える可能性が生まれます。

Xさんは「DVは犯罪である」とはっきり自覚しました。そして知らず知らずのうちにジェンダー・バイアスを刷り込まれていたことにも気づきました。車の運転中、後ろからクラクションを鳴らす車の運転者が女性だと、「女のくせにクラクションを鳴らすとは何ごとか」「俺は偉いのに、おまえはこの俺をバカにするのか」と、自分が勝手に想像して怒ることが、怒りのほんとうの原因であるということもわかりました。この考え方を変えることこそが、「怒りの悪循環」から抜け出す道だということに気づいたのです。またYさんは、男は生活の中心で家族を養う責任があり、妻は自分の所有物で、自分の思うことを何でも先まわりしてやってくれるはずの「モノ」と思っていたことに気づきました。結婚前には、仕事を続けたいという妻に「いいよ」と言ったのに、いざとなると放っておかれるようでさみしくて、妻から仕事を奪おうとしてしまった、とYさんは言います。「男らしい」ことが「勝者である」という考えのしばりに気づき、女性に対して「優劣」の関係であろうとすることをやめ、もっと「楽に生きる」ことを学ぶことが、DV行動克服につながります。

ほんとうの気持ちを伝える

さらに「暴力は自分で選んでいる行為であること」に気づき、「暴力ではない他の方法を選べる」ようにならなければなりません。参加者には、暴力をふるいたくてふるっている人はひとりもいません。彼らが暴力をふるうときは、たいてい自分の気持ちやプライドが傷つけられたときです。妻に認めてほしいのに感謝やねぎらいの言葉をかけてもらえないとき、男として尊重してもらえないと感じたときなどです。男性たちは自分の弱みを見せるような気持ちをもつことを、男らしくないと恥じたりおそれたりします。またそういうほんとうの気持ちを言いたくても言えない人が多いのです。「気持ちを言う」なんて「男らしくないこと」と思い込み、言葉で気持ちを表現することを経験してきてないからです。ですからプログラムで、自分のほんとうの感情を見つめて、その気持ちをI（アイ）メッセージ（Lesson 07で紹介）で相手に伝えるなど、コミュニケーションの方法を学ぶことも重要なことです。

プログラムで変われる男性・変われない男性

プログラムを通じて参加者たちは、暴力の責任は自分にあることや、暴力では何も解決しないし、家庭を破壊するばかりであることがだんだんわかってきます。別れたいという女性の決断を受け入れなければならないこともわかってきます。最初離婚をしたいという相手に対して「ふざけるな」と怒っていたけれど、次第に受け入れられるようになり、離婚届に判を押したという人もいます。実際に変わることができた男性が幾人もいます。しかしなかなか変わることができない男性や、途中で脱落してしまう男性もおおぜいいます。プログラムですべての男性が変われるわけではありません。

女性支援をしながら進めるプログラム

プログラムでは女性ファシリテーターが女性や被害者の代弁をして、男性たちが女性の痛みに充分気づくよう促します。元被害者（サバイバー）から直接体験を聞いたりもします。また参加条件のひとつとして、アウェアからパートナーの女性に連絡をとることを了解してもらいます。女性の安全確認をしたり、必要な情報を提供するなどの支援をしたりすることが目的です。女性には、男性が変わったらいっしょにいたいと考える人もいます。ですから男性のプログラムへの参加態度や変化の度合いを、女性の判断材料にしてもらうこともあります。

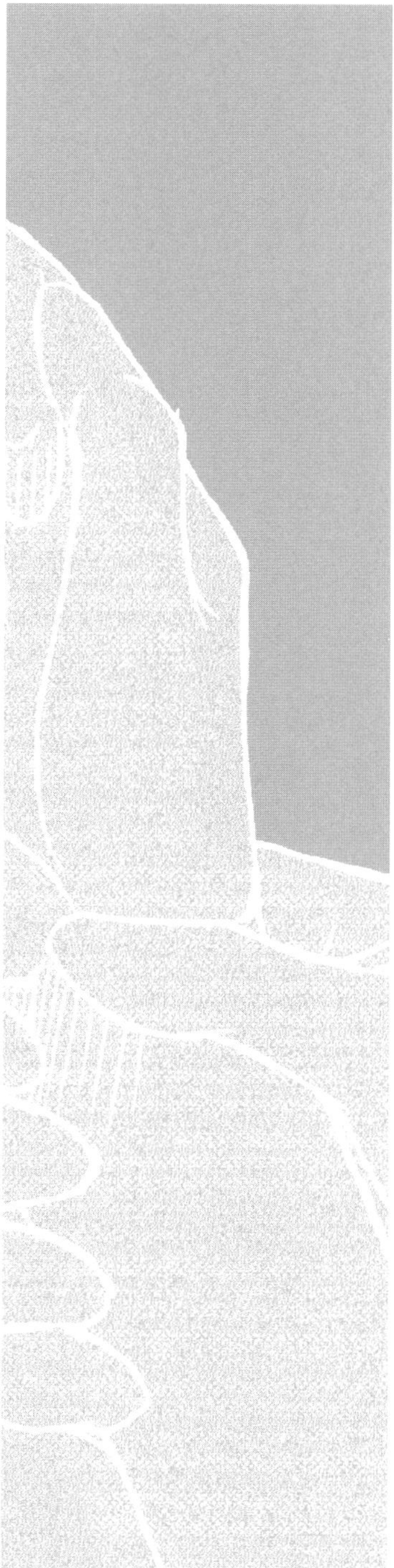

DVの根絶に向けて

ＤＶ対策で最優先されるべきことは、被害者支援ですが、それとともに加害者対策が不可欠であり、それらは車の両輪であると言えます。暴力をふるう男性が変わらない限り、ＤＶはなくなりません。たとえ被害者が逃げ出せても、次の被害者が生み出されるかもしれないし、変わらない男性は地域社会にとっての脅威であり、危険な存在であり続けます。日本にも、アメリカのように強制的逮捕など、加害者への厳しい処罰の法律がまず必要です。被害者が家から逃げ出すのではなく、暴力をふるうほうが家・地域では暮らせないという鉄則をつくらなければなりません。そして暴力をふるう人は自分を変える責任があるということを明確にし、自分を変える場を社会がつくる必要があります。加害者処罰に関する立法の早期実現が望まれます。

ＤＶの根源は社会にあります。人々の意識がＤＶを生み出しています。暴力で問題解決することを、永い間容認してきた社会がＤＶを許しています。女性への差別を温存し、女性の自立を阻んでいる社会の仕組みを変えることと、ジェンダー・バイアスに基づく人びとの意識を改めることなしにＤＶの根絶はありえません。すべての人びとが「ＤＶは誰にでもおこりうること」であり、「自分自身に関わりのあることだ」ということに気づいたとき、はじめて「ＤＶは許さない」、「ＤＶに言い訳はない」と言えるようになり、暴力の連鎖を絶つことができると言えるでしょう。

3刷目に寄せて

日本の社会がDVの根絶に向けて動き出してから数年が経ちました。DVという親密な関係の人への虐待が、実はあちこちの家の中でおきていることはだいぶ認知されてきました。しかし若者たちの交際でおきている「デートDV」という問題は、まだ充分認知されていないようです。

しかし実際には、おとなたちが思う以上にデートDVがおきています。からだへの暴力がたいへん危険なほどおきているケースもたくさんあります。しかしそれがデートDVだと気づけない若者が多くいます。DVする人もされる人も、デートDVについて知識がなく、さらにDVにつながるような不健全で危険な価値感を学んでしまっていることに気づいていないからです。ですから若者に「気づき」を促す教育が、デートDVを予防するためには何より重要です。

アウェアはいち早くデートDVの未然防止教育に取り組みました。2003年に「デートDV」という言葉を日本に紹介した本『デートDV――防止プログラム実務者向けワークブック』を出版し、さらに本書『愛する、愛される――デートDVをなくす・若者のためのレッスン7』と『恋するまえに――デートDVしない・されない 10代のためのガイドブック』(いずれも梨の木舎)を出版しました。また『デートDV』という防止教育ビデオ(DVD)も制作しました。そして2006年からは防止教育実務者の育成にも取り組むようになり、アウェア認定のデートDV防止プログラム・ファシリテーター(実務者)が全国に約200名誕生しました。現在認定者たちは各地の高校などでプログラムを実施しています。

デートDVは、被害者に甚大な被害を及ぼす深刻な社会問題です。デートDVは交際しているふたりだけの問題ではなく、社会の問題であり、教育の問題です。社会全体で未然防止に取り組まなければなりません。若者がデートDVをする人にもされる人にもならないためには、危険な価値観に気づいて捨てること、そして交際する相手を尊重できるように健全な価値観を学ぶことです。デートDVにつながる危険な価値観に無縁な人はいません。だれもが大なり小なり学んでしまっています。みんながDVは自分の問題だと気づくことが重要です。この本がその気づきのきっかけになればうれしいです。

2009年5月　山口のり子

［増補］今どきの若者たちとデートDV

若者たちの間でのデートDVは、一三年前とだいぶ様相が変わってきています。今どきの若者のデートにまつわる行動の特徴は、なんといってもスマホを使って束縛することです。スマホは便利さの裏返しで、実に簡単にお互いを束縛する道具になっています。付き合うようになったふたりは、常に連絡を取り合わないとカップルではないと考え、そうすることでほんとうに愛し、愛されていると思い込むようです。これまでにさまざまな学校でデートDV防止プログラムを六〇〇回以上実施してきた吉祥《よしざき》眞佐緒《まさお》さん（アウエア事務局長でありDV被害者支援団体「エープラス」主宰者）の体験談から今どきの若者たちの実態と問題点を考えてみましょう。

スマホで束縛

若者たちの多くが、付き合っている相手と電話、メール（電話よりほぼメール）、ブログ、ライン、ツイッター、フェイスブックなどを駆使して頻繁なやり取りをしています。一〇年ぐらい前は、携帯を使って三〇分ごとの連絡の取り合いが若者たちの〝お約束〟でした。ところが二〇一六年の今は受信したら即返信しなければなりません。常にスマホを持ち歩き、注意していなければならないのです。

必ず絵文字を入れるのがルールです。相手からのメールに絵文字が少ないと、女の子たちは不安になり男の子たちは手抜きだと怒るそうです。バーチャルなストーカー行為に当たる行為だという自覚はありません。あまりいいことではないし窮屈だと感じていても、相手に「やめて」とか「やめよう」とはなかなか言えません。ゆがんだ恋愛観の思い込みやピアプレッシャー（仲間から受ける〝みんなといっしょにしろ〟という圧力）などがあるからです。スマホのアプリのGPS（無料）を使ってお互いの位置を確認し合う行為も容易に束縛につながる危険性があります。

彼らのスマホの画面を見せてもらうと、語彙が極端に少ないことがわかります。自分の言葉で丁寧にコミュニケーションをとる訓練を受けていないことが一目瞭然です。言葉のたいせつさを学んでいないし、メールを受け取る相手がそれを見てどう思うかを考えません。そういう彼らには絵文字やスタンプや短いツイッターは都合がいいのです。しかし、このような行為は相手を軽く考えることにつながりがちだし、自分のことをたいせつにできないことにもつながります。

アウェアのデートDV防止プログラムには、アヤとヒロという高校生が登場して、デートDVをしてしまう場面と、反対に相手を尊重して共感する場面の両方がありますが、若者たちから「長すぎる！」と苦情が出ることがあります。しかし、では、若者がコミュニケーション能力を身に着ければ束縛やその他のデートDV行為をしなくなるかといえば、そうはなりません。デートDVにつながる、力と支配、暴力容認、ジェンダー・バイアス、ゆがんだ恋愛観など、さまざまな価値観を若者たちがすでに学んでしまっているからです。

「壁ドン」と「床ドン」

今どきの若者たちの特徴的言動をそのほかにも紹介します。まず「壁ドン」です。「壁ドン」は、学生の男女がひょんなことからいっしょに暮らすうち恋愛感情をもつようになるストーリーの漫画「L・DK」に出てきます。男性が女性を壁に追い詰め、相手の顔の横の壁にドンと手をつい

て迫るという行為です。映画化され、それをイケメン俳優が壁ドンをやったので、若者の間で人気を博しました。

同時期に放映された「東京バンドワゴン」というドラマでは、男性が女性を床に押し倒し、そのうえにかぶさって手をドンと突く「床ドン」も人気となりました。男性が女性に愛を告白する方法として、こういった強引で乱暴な言動はカッコいいし、女性も好むので、結果、それで女性をゲットできるという価値観が若者に広まってしまったようです。

ある中学校に行ったとき、廊下を向こうからくる男子生徒が右手を垂直に挙げて歩いているので、何をしているのか学年主任の四〇代の女性の教師に訊ねたところ、笑いながら「壁ドンの練習をしているんです」というのでびっくりしました。「私がときどき練習台にされるんです」というからさらにびっくり。ですからプログラムでは、彼ら（教師も含めて）が気づいていない「壁ドン」や「床ドン」の負の面について、次のようなことを伝えます。親密な関係になっていないときや相手に心の準備ができていないときは怖く感じさせてしまう行為だということ、合意のない段階でこのように逃げ場のない形で迫ることはセクハラになること、その結果相手を失うかもしれないこと、これがほんとうの愛情表現だなどと勘違いしないこと、乱暴で強引な言動は相手をほんとうにたいせつに思っていればしないこと、などです。

「セクスティング」と「リベンジポルノ」

さらに、今どきの若者に特有でデートDVに結びつきやすい行為として「セクスティング」が挙げられます。「セクスティング」とは親密な関係の人とプライベートな写真をスマホで送り合うことです。裸の写真や性行為をしている写真なども送り合います。おとなが考えている以上に若者たちの間では一般化していて、ある大学でアンケート調査をしたところ、女子学生の七割が抵抗なく撮ったり撮られたりしているという答えでした。理由は「愛しているから」「彼の浮気防止のため」「いつも私のことを考えていてほしいから」で、彼がほしいと言ってきたとき喜んで最初からあげたという学生もいました。

若い男性向けの雑誌にはパートナーの裸の画像を募集しているものがあり、掲載されたらお金が支払われる仕組みにな

っています。スマホのアプリには「自分たちのラブラブぶりを人に見てもらいたい」人たち向けのものがあり、ツーショット、キスしているところ、さらにはセックスしている写真まで投稿できるようになっています。過激なものほど「いいね」と評価してもらえるのでエスカレートします。これらの行為はスマホがなかった時代には考えられないことです。撮った写真をすぐ送れるという簡単さが、このようなリスキーな行為を何も考えずに若者たちが手軽にすることにつながっています。

◉

「リスキー」なことで、親密な関係が壊れたときや険悪な関係になったときおきやすいのが「リベンジポルノ」です。「リベンジポルノ」とは別れた恋人や交際相手などに対する報復として、交際時に撮影した相手の裸の写真などを、インターネットなどで不特定多数に向かって公開・配信するといったイヤがらせ及びその画像のことです。リベンジポルノの被害を受けた人は、ラブラブのときあげた写真があとでそうやって使われるなど考えもしなかったことでしょう。しかし、相手がデートDVの価値観をもつ人であれば、相手は自分の所有物であり、別れは自分が許可したときだけだなどと考えるので、相手に対して怒り、「勝手に離れていった悪い相手を罰する」感覚でリベンジポルノをばらまきます。デートDV防止プログラムでは、リベンジポルノは人権侵害であり犯罪であること、安易なセクスティングは危険であることを伝えます。

若者に悪影響を与えるさまざまなもの

スマホのない時代を生きてきた親世代には想像もできないような、若者たちの価値観とそれに基づく行為は、いったいどこからどうやって伝播するのでしょうか？　次のようにさまざまなメディアの影響がありそうです。

◉流行歌…　歌詞を見ると、実はかなり昔から男性目線のものが多く、嫉妬や束縛や暴力が愛だというメッセージを若者たちに伝えています。例としては次のような歌が挙げられます。

爆風スランプの『青春りっしんべん』は「ベッドに押し倒して　腰なんかもんじまえ」とレイプを煽っているような歌詞です。グループ魂の『君にジュースを買ってあげる』は「ときどき暴力ふるうけど」

と暴力を軽く冗談っぽく表すことで、暴力容認意識を若者に植え付ける危険があります。なこみ&めるみお(HKT48)の『アインシュタインよりディアナ・アグロン』は、男性作詞家による「女の子は可愛くなきゃね/学生時代はおバカでいい」などといった歌詞で、女性を男性より一段低く見る価値観を若者に植え付けています。

◉漫画…　漫画の果たす負の役割も大きいでしょう。人気漫画に登場する「ツンデレ」は、男性が相手の女性に対して冷たい態度(ツンツン)をしたり、甘えた態度(デレデレ)をしたりして振り回し、いいなりにさせるという行為です。さまざまな漫画やゲームで、性を問わず「ツンデレ」をする人物が出てくるようですが、それがロマンティックなラブストーリーになっていたら危険です。「ツンデレ」は、相手を混乱させて支配するDVやデートDV加害者の手口に似ています。

◉雑誌…　雑誌に目をやれば、男性雑誌はどうやったら女性を手に入れられるかのハウツー、女性雑誌はどうやったら男性に気に入られるかのハウツーです。表層的なものばかりで、きちんとどうやって男女が向き合うかなどの記事はほとんどありません。

◉植え付けられる危険な意識…　デートDVにつながる危険な価値観のひとつである暴力容認意識を植え付ける情報も多く、代表的なものは、子どもから年配にまで人気のある漫画の「ワンピース」でしょう。男女が混じる海賊が仲間を守り合いながら海賊王を目指すストーリーですが、仲間を守るために暴力し放題。胸がはじけるように大きく、ウエストはキュッの女性を男性たちが暴力で守ります。デートDVにつながる危険な価値観の代表格である、ステレオタイプのジェンダー・バイアス(女らしさ・男らしさとその役割・態度・行動の決めつけや押しつけ)も、結局、メディアはあの手この手で若者たちに向けて発信しています。

　このような危険な環境にさらされている若者たちに向けて、デートDVをおこすような価値観を学び落とし(気づいてやめる)、どうしたら相手を尊重して自分もたいせつにできる心地よい関係が作れるかを学ぶためのデートDV防止教育は必修にすべきたいせつな教育です。

必要な管理職の意識改革

デートDV防止教育を進めるためには、

とくに管理職の意識改革が必要だと実感します。打ち合わせで学校に行くととんでもない注文をよくされます。

▼「力と支配という言葉はつかわないように」。教室運営がしにくくなるからという理由です。

▼「体罰という言葉は使わないように」。教師がしている場合があるからです。

▼「セックスという言葉は使わないように」という注文もきます。では何と言ったらいいのか訊ねると「不適切な性的接触」だというのですから絶句してしまいます。

▼「性的自己決定」のことは、望まない妊娠を防ぐために若者にぜひとも伝えたいのですが、「言わないように」。寝ている子をおこすからだそうです。子どもたちはもうとっくにおきて歩き回っている事実を知らないのです。

▼「うちの生徒たちはデートなんてしていない」という校長もいます。理由は自分が中学生のときしなかったから。あまりにも実態を知らなすぎます。

▼「デートDV」という言葉を使わないように注文されたという報告も、地方で活動する仲間から聞いたことがあります。注文に応じないわけにもいかないので、考えあぐねて気を付けて使わないように話していたら、生徒たちから「それってデートDVだ！」という声があがったそうです。

▼中には自分がセクハラしていることにまったく気づいていない校長もいました。男女共同参画課の若い女性職員といっしょに校長に挨拶するため校長室に入ったとき、立っている彼女に座るようすすめる校長があろうことか「ここ空いているよ」と座っている自分の腿をたたいたのです。私たちを笑わせようとしたのでしょうが、この校長にはセクハラをしないための基本的研修が必要です。

「子どもたちにつらい思いをさせたくないから、しっかり伝えてほしい」という校長先生もいますがまれです。管理職をはじめ現場の教育関係者たちに対する、人権教育・平等教育・性教育などを含めたデートDV防止教育の研修がたいへん重要で喫緊の課題です。

防止教育実施者の養成

アウェアは二〇〇六年よりデートDV防止教育プログラムの実施者（ファシリテーター）の養成講座を開いています。講座修了後アウェアの認定を受けた人は、正式に「アウェア認定・デートDV防止プログラム・ファシリテーター」として各地でアウェアのプログラムを実施することができます。これまでに北海道から沖縄の各地から、子どもたちをデートDVの加害者にも被害者にもさせたくないと思う多くの人が受講してくれました。現在プログラムを実施したりして活動している人は全国に約二〇〇名、団体として活動しているところは約七〇か所で、実施回数とその受講者数は多くてつかみきれません。認定者たちは「フォローアップ講座」で毎年学び続け、これまでに九回開催しました。参加者たちから「全国に仲間がいるだけでもうれしいし、講座は仲間意識をもって学べる貴重な機会だ」と好評です。認定者たちはお互いに防止教育を続けていくための新しい情報と勇気と元気を分かち合っています。

プログラムに参加した子どもたちの反応

各地でアウェアのデートDV防止プログラムに参加した若者たちの感想の一部を紹介します。

◉DVは誰もが被害者にも加害者にもなると実感した

◉ついこの間自分のしたことがデートDVだと気づいた

◉DVはただの暴力ではないことがわかった

◉自分にはないと思っていたジェンダー・バイアスがあったことに気づかされ、自分自身を見直したいと思った

◉DVされる人も変わらなければと思った

◉暴力をする人は最低だと思うけど、実際に自分がされたら許してあげそうで怖い

◉DVは殴ったりけったりということだと思っていたけど、言葉や態度のDVもたくさんあることがわかった

◉やはり暴力はいけないことなんだと再認識した

◉父親の暴力で両親が離婚しているので勉強になった

◉今の自分に当てはまることに気づいた

◉加害者にも被害者にもなりたくないと思った

◉自分の気持ちを暴力でなく言葉で伝えることは大変だけど大事だということがわかった

◉全部まじめに聞いてしまった。話が聞けてよかった

◉自分をもっとたいせつにしようと思った

◉家の中で起きていることがDVだとわかった

◉同性カップルについても言及してくれたのがとてもうれしかった

◉学校の先生がしていることは力と支配ではないか知りたい

デートDVに関する今後の課題

デートDV防止教育が始まって一三年経ちました。防止プログラムは全国的に実施されるようになりましたが、まだ受けていない子どもたちが各地に多くいます。

アウェアの認定者が高校で実施すると「高校では遅い。中学で実施しなければ」と感じ、中学で実施すると「小学校高学年で必要だ」と感じるそうです。今、認定者の間では小学校向けのプログラムが研究されています。

当事者への対応にも課題があります。加害者と被害者に別れを強要しても解決しません。離れた場合、デートDVがストーカー事件につながることもあり、その対応も課題です。デートDVは当事者が若いので、当事者だけでなくその家族への支援も必要です。デートDVのことがよくわかっている人が介入し、時間をかけて辛抱強くサポートする必要があります。

法律の問題もあります。DV防止法の保護の対象が、婚姻関係がある・あった、あるいは同棲している被害者に限られているので、交際中のデートDV被害者は保護の対象になりません。しかし、いっしょに暮していなくても同じような被害にあうのですからDV防止法の改正が必要だと思います。

このようにさまざまな課題を抱えていますが、私たち一人ひとりが意識を変え、社会の仕組みを変える努力をしながら、被害者支援、加害者更生教育、防止教育を進めていけば、いつかきっとDVのない社会が築けるはずです。

全国の相談先

配偶者暴力相談支援センターの機能を果たす施設一覧

デートDVの問題を抱えてしまったら、周りのおとなで信頼できる人や、学校の先生、保健室の先生などに相談してみてください。大学なら「セクハラ相談室」が相談にのってくれるかもしれません。また、各地(県・区・大きな市)に次のようなDVに関する専門の相談窓口があります。いっしょに住んでいないと、被害にあっても「DV防止法」の対象にならないのですが、付き合っている関係でのデートDVにも対応してくれるところがあるかもしれません。まず聞いてみてください。からだへの暴力がおきている場合、警察(DVの場合は生活安全課)に相談することも考えてください。別れたいのに相手がつきまとう場合は、ストーカー規制法の対象となるかもしれません。

北海道立女性相談援助センター	011-666-9955
青森県女性相談所	017-781-2000
岩手県福祉総合相談センター	019-629-9610
宮城県女性相談センター	022-256-0965
秋田県女性相談所	018-835-9052
山形県中央配偶者暴力相談支援センター	023-627-1196
福島県女性のための相談支援センター	024-522-1010
茨城県女性相談センター	029-221-4166
栃木県とちぎ男女共同参画センター	028-665-8720
群馬県女性相談センター	027-261-4466
埼玉県配偶者暴力相談支援センター	048-863-6060
千葉県女性サポートセンター	043-206-8002
東京都東京ウィメンズプラザ	03-5467-2455
東京都女性相談センター(多摩支所を含む)	03-5261-3110
港区配偶者暴力相談支援センター	03-3578-2436
板橋区配偶者暴力相談支援センター	03-5860-9510
中野区配偶者暴力相談支援センター	03-3228-5556
江東区配偶者暴力相談支援センター	03-3647-9551
豊島区配偶者暴力相談支援センター	03-6872-5250
葛飾区配偶者暴力相談支援センター	03-5698-2211
練馬区配偶者暴力相談支援センター	03-5393-3434
台東区配偶者暴力相談支援センター	03-3847-3611
荒川区配偶者暴力相談支援センター	03-3806-3075
神奈川県神奈川県立女性相談所	0466-26-5550
横浜市DV相談支援センター	045-671-4275
新潟県女性福祉相談所	025-381-1111
富山県女性相談センター	076-465-6722
石川県女性相談支援センター	076-223-8655
福井県総合福祉相談所	0776-24-6261
山梨県女性相談所	055-254-8635
長野県女性相談センター	026-235-5710

岐阜県女性相談センター	058-274-7377
静岡県女性相談センター	054-286-9217
愛知県女性相談センター	052-962-2527
名古屋市配偶者暴力相談支援センター	052-351-5388
三重県女性相談所	059-231-5600
滋賀県立男女共同参画センター	0748-37-8739
京都府家庭支援総合センター	075-531-9910
京都市DV相談支援センター	075-874-4971
大阪府女性相談センター	06-6949-6022
大阪市配偶者暴力相談支援センター	06-4305-0100
兵庫県女性家庭センター	078-732-7700
奈良県中央こども家庭相談センター	0742-22-4083
和歌山県子ども・女性・障害者相談センター	073-445-0793
鳥取県福祉相談センター	0857-27-8630
島根県女性相談センター	0852-25-8071
岡山県女性相談所	086-235-6060 086-235-6101
広島県西部こども家庭センター	082-254-0391
山口県男女共同参画相談センター	083-901-1122
徳島県中央こども女性相談センター	088-652-5503
香川県子ども女性相談センター	087-835-3211
愛媛県福祉総合支援センター	089-927-3490
高知県女性相談支援センター	088-833-0783
福岡県女性相談所	092-584-1266
佐賀県婦人相談所	0952-26-1212
長崎県長崎こども・女性・障害者支援センター	095-846-0565
熊本県女性相談センター	096-381-7110
大分県婦人相談所	097-544-3900
宮崎県女性相談所	0985-22-3858
鹿児島県女性相談センター	099-222-1467
沖縄県配偶者暴力相談支援センター	098-854-1172

内閣府サイト
（平成27年11月）より抜粋
＊相談専用の電話がある場合には
相談電話番号を、
ない場合は代表番号を掲載

本書制作にあたり、次の皆様のご協力をいただきました。ありがとうございました。
レジリエンス、海里真弓さん、杉村直美さん

プロフィール

山口のり子

女男平等を目指して40年
日本及び海外で活動する。
シンガポールでは
DVやセクシャル・ハラスメント被害者支援
及び裁判支援に関わり、
ロサンゼルスではDV加害者プログラムを
実施するためのトレーニングを受ける。
帰国後2002年に「アウェア」を開設して
DV加害者向け教育プログラムを始める。
2003年に「デートDV」という言葉を
日本で初めて使って本を出版し、
若者向け防止教育を始める。
2006年から各種プログラムの
実施者を養成している。

著書

『元気のおすそわけ』
（太郎次郎社）1993年

『海外でつくった！ 人の輪・仕事の環』
（梨の木舎）2000年

『DVあなた自身を抱きしめて
――アメリカの被害者・加害者プログラム』
（梨の木舎）2001年

『デートDV――防止プログラム実施者向けワークブック
相手を尊重する関係をつくるために』
（梨の木舎）2003年

『恋するまえに――デートDVしない・されない
10代のためのガイドブック』
バリー・レビィ著／小野りか共訳（梨の木舎）2008年

『DV・虐待加害者の実態を知る
――あなた自身の人生を取り戻すためのガイド』
ランディ・バンフロット著／監訳（明石書店）2008年

『愛を言い訳にする人たち
――DV加害男性700人の告白』
（梨の木舎）2016年

アウェア［aware］**連絡先**
Tel：03-6272-8770　Fax：03-6272-8771
e-mail：info@aware.cn　URL：http://www.aware.cn
◉あるいはYahoo! Japanを開き
「DV アウェア」で検索すれば簡単にアクセスできます

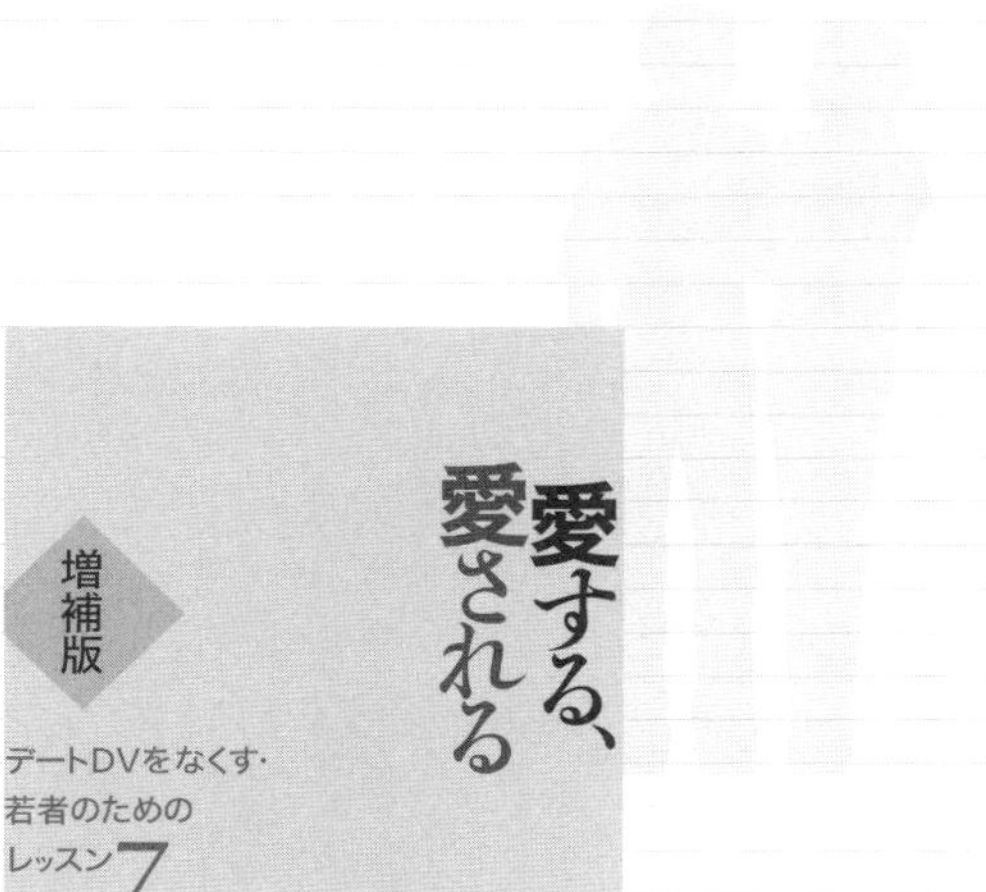

二〇〇四年九月二五日　発行
二〇〇六年六月二五日　二刷
二〇〇九年八月二五日　三刷
二〇一七年一月二五日　増補版
二〇一八年七月二五日　増補版二刷

著者
山口のり子

発行者
羽田ゆみ子

発行所
有限会社梨の木舎
〒一〇一－〇〇六一　東京都千代田区神田三崎町二－二－一二エコービル一階
Tel:03-6256-9517　Fax:03-6256-9518
e-mail:info@nashinoki-sha.com

ブックデザイン
加藤昌子

印刷・製本
株式会社厚徳社

ISBN978-4-8166-1701-0 C0037 Y1200E

DVをなくすために

デートDV

防止プログラム実施者のためのワークブック

親密な関係にある若者の間の暴力をデートDVといいます。
デートDVは大事な人を傷つけ、関係を破綻させます。
本書はデートDVについて学び、相手を尊重する
関係のつくり方を若者たちとともに学ぶワークブックです。

◉定価:1000円+税 ◉B5判56頁
◉ISBN978-4-8166-0304-4 C0037

恋するまえに

デートDVしない・されない 10代のためのガイドブック

バリー・レビィ:著 山口のり子／小野りか:訳

デートDVの具体的事例、当事者(加害者・被害者)からのメッセージ、
健康な関係とは、など若者が知りたいことが
いっぱい詰まっています。

◉定価:1500円+税 ◉A5判152頁
◉ISBN978-4-8166-0904-6 C0037

愛を言い訳にする人たち

DV加害男性700人の告白

アウェアは13年間、加害男性への教育プログラムを
実施してきました。この本は、まず加害者自身へのメッセージです。
DVって何なのか? なぜDVをするのか?
どんな気持ちか? 今はどう思っているか?
そしてDVをされている人へのメッセージです。今されていることが
DVだと気づき、自分を取り戻してほしいからです。

◉定価:1900円+税 ◉A5判192頁
◉ISBN978-4-8166-1604-4 C0037

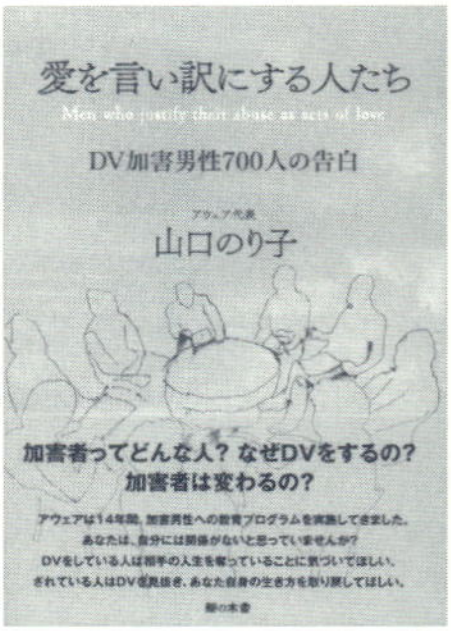

アウェア［aware］からのご案内

アウェアの活動紹介

1. DV加害者プログラム
2. デートDV防止プログラム
3. DV被害女性プログラム
4. 各種プログラム・ファシリテーター(実務者)養成講座
5. DV防止講座
6. 講師・ファシリテーター派遣
7. ビデオ制作
8. 冊子・パンフレットの制作請負

梨の木舎